Dear GIRLS

自分らしく生きていくための28の言葉

はじめに

始まりは、記者たちが抱いたある思いでした。

2016年10月、世界経済フォーラムが発表したジェンダーギャップ（男女格差）のランキングで、日本は144カ国中111位。意思決定をする立場の大半を男性が占め、働く人の賃金に大きな男女差がある。先進国で最下位レベルでした。

「こんなに低いなんて……」「紙面で何かやるべきなのでは」

朝日新聞のさまざまな部にいる女性記者10人ほどが、自主的に集まりました。3月8日の国際女性デーに合わせて、キャンペーンができないだろうか、と。国際女性デーは、差別撤廃と女性の地位向上を訴えようと、国連が定めた日。イタリアなど海外では、女性にミモザの花を贈るのが慣習になっているそうですが、これまで日本ではほとんど報道されていませんでした。

「3月8日の紙面を、女性に関する記事で埋め尽くしたいね」、「（看板コラムの）『天声人語』や『折々のことば』も女性デーがらみで書いてもらえないかな？」。実現するあてもないまま、いろいろなアイディアが飛び出すなか、時間をかけて話し合ったのが、キャンペーンを通して何を伝えたいのか、ということでした。

女性として日本で生きてきて、「ん？・」と感じることって多いよね。この「もやもや」の原因は何だろう？　と、それぞれが、体験を振り返ってみたところ……。

「いまもお正月に親族で集まると、女性陣だけが皿洗いをしている」

「『女の子は自宅から通える大学に』と親に言われていた友達がいた」

「仕事を頑張っていると、『結婚できなくなるよ』と言われる」

そんな話が次々と出てきたのです。そして、メンバーで気になる記事や動画をSNSで共有し合ったり、ジェンダーに関する勉強会を開いたりしながら、焦点を当てたいと思うテーマが固まっていきました。それは、女性を取り巻く社会の「固定観念」でした。日本の男女平等度の順位の低さと、日本社会に根づく「男性は仕事、女性は家庭」といった性別に基づく役割分業の意識は、地続きといえるのではないか。そう感じたからです。

現場の記者たちによって「勝手連」的に始まった無謀な計画でしたが、賛同してくれる人が増えていき、キャンペーンが動き出しました。これから大人になる女の子たちが、自分が生きたいように生きられるために。女の子はこうあるべきだという「アンコンシャス・バイアス（無意識の偏見）」から解放されるように。そんな願いを込めて、企画の名前を「Dear Girls（女の子たちへ）」と決めました。

迎えた2017年3月8日の国際女性デー当日。朝日新聞の1面から社会面まで、計11ページで女性にまつわる記事が載りました。1面を飾ったのは、静岡で出荷が続いている鮮やかな黄色いミモザの写真です。「天声人語」や「折々のことば」も、(私たちの妄想に終わることなく)女性デーを意識した内容になりました。

企画の目玉は、各界で活躍する著名な方たちに2月下旬から女性デー当日まで、日替わりで登場してもらったインタビューシリーズでした。忙しい合間をぬって、2017年は18人、2018年の女性デーの時は29人の方が、若い女の子たちへのメッセージを寄せてくれました。その一部をまとめたのが、本書です。

お寿司と指輪は自分で買おう。

「仕方がない」と諦めず、違和感を持ち続けてほしい。

女の子も仮面ライダーになっていいんだよ。

心に響くこんな言葉の数々が、ちりばめられています。これから大人になる女の子たちだけでなく、さまざまな世代の女性や男性が、本書を通して自分らしく生きていくためのヒントを一つでも見つけることができるとしたら、望外の喜びです。

2019年1月

朝日新聞「Dear Girls」
担当デスク　杉山麻里子

『Dear Girls』目次

はじめに 003

第1章 なりたい私になる

川上未映子（作家） 014
男も女も、もう、望んでいない「らしさ」から解放されましょうよ。

西原理恵子（漫画家） 020
お寿司と指輪は自分で買おう。

土屋アンナ（モデル・歌手） 025
日本の男性は、若い女の子が好きだよね。みんな年取るんですけど。

ジェーン・スー（コラムニスト） 029
「女は一枚岩で、意見が一致するはず」なんて、幻想。「個」たれ！

阿川佐和子（作家） 034
殿方におんぶにだっこで「幸せな結婚」が夢でした。

サヘル・ローズ（俳優） 039
周囲がつけた「色」ではなくて、
自分がつくった「色」に染まろうと、決意しました。

菅本裕子（モテクリエイター） 043
モテるために生きています。

駒崎弘樹（NPO法人代表） 047
日本の女の子の周りには、
たくさんの「呪い」の言葉が転がっています。

ぺこ（読者モデル） 052
「スペシャルガール」だと思っていいんだよ。

りゅうちぇる（タレント・アーティスト） 057
だって僕、原宿の人だもん、っていう優越感。

第2章　悩むより、動く

夏木マリ（俳優） 064
崖から飛び降りるのが好きなんですね（笑）。

中川李枝子（作家） 068
結婚相手はよく考えて、打算的に選ばなくっちゃ。

山口智子（俳優） 072
選択の連続の先に、自分の未来が続いてゆく。

鷲尾天（プリキュア初代プロデューサー） 077
企画書に書いたコンセプトは「女の子だって暴れたい！」です。

本村あゆみ（法医学者）083
きつい、汚い、危険。楽な仕事ではありません。

辛酸なめ子（コラムニスト）086
女子力をバージョンアップさせると妖力になります。

若宮正子（デジタルクリエイター）090
私はいわば「ヤクザな女」でした。

スプツニ子！（アーティスト）095
炎上を怖がって避けていたら、世の中は何も変えられない。

佐久間由衣（俳優）101
流行に合わせて着飾っている私は自分ではないと思った。

伊達公子（テニスプレイヤー）104
人生の軸になりそうなものと出合えたら、
やり続けることが大事。

第3章　人にも自分にも優しく

ダイアモンド✡ユカイ（ロック歌手）　108

打ちのめされたね。まさか種なしだったなんて。

安冨 歩（大学教授）　112

女性の格好をして、女性として扱われると、
不安が消えていく。

春名風花（声優・俳優）　118

女の子も仮面ライダーになっていいんだよ!!

末松則子（鈴鹿市長）　123

びっくりしたのは、
部長会議で私以外はみんな男性だったことです。

桐谷健太（俳優） 127
たとえ傷ついても心をぱかっと開いて
「まんまの自分」で。

東 小雪（LGBTアクティビスト） 132
「仕方がない」と諦めず、違和感を持ち続けてほしい。

森下圭子（翻訳家） 137
多様性を尊重する世界観にあふれているのが、
ムーミン谷のお話です。

ナディア・ムラド（ノーベル平和賞受賞者） 142
私はヤジディ教徒であることが誇りです。

おわりに 147

装幀　名久井直子

第1章
なりたい私になる

男も女も、もう、望んでいない「らしさ」から解放されましょうよ。

男性でも女性でも、配偶者を「これ」とか「おまえ」とか呼ぶようになってきたときから、ＤＶとかそういう関係が作られていくんですよ。だから言葉の力を馬鹿にしてほしくないんです。

川上未映子（作家）

かわかみ・みえこ／1976年、大阪府生まれ。『乳と卵』で芥川賞（2008年）、『愛の夢とか』で谷崎潤一郎賞（13年）を受賞。代表作に『ヘヴン』『すべて真夜中の恋人たち』など。自身の出産・育児を描いた『きみは赤ちゃん』など、エッセーも人気

今4歳の息子は、3歳のころから「男は強くて女は弱いんだよね」とか「男は女を守るんだ」とか言うようになりました。そういう価値観を外でがんがん仕入れてくるんです。その都度、一つひとつ「それはどうなんだろう」と話し合っています。

おなかが減るのに男も女も関係がないように、悲しいやうれしいに男も女も関係がないように、強い弱いに男や女は関係ない。そのとき、余力のある人が弱っている人を助けるだけ。男でも弱っている人がいるし、女でも強い人もいるよ、と。

日本では、社会のOS（基本ソフト）が男性だとしたら、女性はアプリみたいな存在。小さいころからそういう構図が内面化されつくしていますよね。

たとえばブラジャーをつけるにしても、学校で私が言われたのは「男子生徒が落ち着いて勉強できなくなるから、つけるように」と。性被害にあっても、「隙があった」「挑発的だった」とか。女には主体性を与えられない。これでは女性が女性の身体を持っているだけで駄目なのだと、否定されているようなものです。

私たちに与えられた将来の夢は、恋愛や結婚や母親になるだとか。もちろんどれも悪くないけど、「総理大臣になる」とかはなかった。でも、私がそういう違和感を言語化できるようになったのは、20代になってからでした。

今親になり、まだまだ同じようなことが繰り返されているんだなあ、とあらためて感じているところです。子ども番組でも最近は、たとえば仮面ライダーもピンクを着るし、プリキュアみたいに女の子が戦うというのもあるから、ジェンダーフリーを意識したようなものは出てきている。でも、やっぱり息子は「女は弱い」みたいなことをふとしたときに言ってきます。

そんなことばかりなので、モグラたたきのようで本当にトホホですが、男の子だから、今の社会でいえばやがてシステムの側にいく。だから、男女のフェアネスということは徹底して伝えています。

先日、「配偶者に主人や嫁という言葉を使うのはやめよう」とコラムで書きました。パートナーとは対等な関係であるべきなのに、なぜ主従関係や属性を表す言葉がいまだにこんなに使われているのか、と。稼ぎの多さとか専業主婦だからとかは関係ない。家庭に主従の構図があるのはおかしい。主人なんて言わず、嫁なんて呼ばずに、フェアであるべきです。

でも、ママ友たちの話を聞いていると、同じくらいの時間外で働いていても、夫は自分のほうが稼ぐという理由で、家事や育児の負担の多くを妻が引き受けることになる。キャリアをストップさせるのも、ほとんど女性。社会設計がそうなっているせいで、男性も女性も、そういうものだと思うようになる。家事も育児も大変な仕事なのに、稼ぐほうが、経済を握っているほうが偉いということになる。おかしいと感じても、言えなくなっていく。

私たちがまずできることは家庭の中を変えること。「お父さんは外で働いているから」と家では家事をしなくていいのか、夫婦がお互いの仕事や立場にフェアな敬意を持つのか。それを見て子どもは育ちます。

「呼び方なんてたいした問題じゃない」と言う人もいる。でも言葉って本当に大事。男性でも女性でも、配偶者を「これ」とか「おまえ」とか呼ぶようになってきたときから、ＤＶとかそういう関係が作られていくんですよ。主人とか嫁とか呼ばれていると、そういう関係性が内面化されていく。だから言葉の力を馬鹿にしてほしくないんです。

もう2017年（取材時）なのだから、これまで当たり前に使われてきた言葉の有効期限を見直していかないと。「女子力」なんかも、女性を都合よく扱うための言葉としか思えない。

最近は、こうした違和感をSNSで共有できる。自分の考えを言語化したり、闘い方や自分の守り方がわかったり。それはすごくいいことだと思っています。女の子たちには、何かおかしいなと思ったら目をそらさずに、その違和を言語化して考えて、と伝えたい。自分の人生を作り上げていくのは自分自身。主体性を持って生きてほしいです。

大人たちは、「女だから」なんて性別をたてにとって女の子に限界をつくらないでほしい。「女の幸せは結婚と出産」とか言うのもやめて。自分の人生は自分で決めるんだよと、そんなふうに男の子にも女の子にも、一人の「人間」として話をしてほしい。

日本ではなぜか否定的にとらえられることがあるけれど、私はフェミニスト。専門的な教育を受けたわけではなく、自分で学んでたどり着いた自分の立場だと思っている。上智大学の三浦まり先生が言った「性差別主義者でない人はみんなフェミニストだ」という定義に賛同します。

男性も「男らしくあれ」とか「男は稼いでいくら」とか、そういうものから自由になってほしい。戦いごっこに興味のない男の子だって、強くない男の人だって、当たり前にいる。男も女も、もう、望んでいない「らしさ」から解放されましょうよ。

（聞き手・三島あずさ、２０１７年3月7日掲載）

お寿司と指輪は自分で買おう。

西原理恵子（漫画家）

男に頼り切るのは危険。しっかり仕事をして自分で稼いでほしい。「お寿司は男の人におごってもらうもの」と思い込んでいる女の人がいるけど、自腹で食べたほうがうまいでございますわよ！

さいばら・りえこ／1964年、高知県生まれ。武蔵野美術大学卒。88年『ちくろ幼稚園』で漫画家デビュー。『ぼくんち』で文藝春秋漫画賞（97年）、『毎日かあさん（カニ母編）』で文化庁メディア芸術祭マンガ部門優秀賞（2004年）、『毎日かあさん』『上京ものがたり』で手塚治虫文化賞短編賞（05年）、『毎日かあさん』で日本漫画家協会賞参議院議長賞を受賞（11年）。『女の子が生きていくときに、覚えていてほしいこと』『ダーリンは73歳』『りえさん手帖』など著書多数

この春、大学に進学する息子と、反抗期まっただ中でろくに口もきかなくなった高１の娘がいます。息子は16歳で突然アメリカに留学した。娘も自分で帆を張って、もうすぐ船を出すところ。かあさん業はそろそろおしまいみたい。

娘や同世代の女の子たちには、「王子様を待たないで。社長の奥さんを目指すより社長になろう。お寿司《すし》と指輪は自分で買おう」と言いたい。男に頼り切るのは危険。しっかり仕事をして、自分で稼いでほしいです。「お寿司は男の人におごってもらうもの」と思い込んでいる女の人がいるけど、自腹で食べたほうがうまいでございますわよ！

私の田舎はとても貧しかった。何人もの友達が、大人たちから本気で殴られていました。貧しさとか、そこからくるどうしようもない怒りとか悲しみとかって、暴力となって弱い者にいくんです。私も将来はボロボロのアパートで男に殴られながら、子どもを殴りながら生きていかなくちゃいけないのかなと思うと、すごく怖かった。手本になる女性、こんなふうになりたいという女性はいませんでした。

離婚も多く、しかも元夫から子どもの養育費をもらっていない女性ばかり。差し押さえようにも差し押さえる財産もなく、逆に借金だらけ、とか。そんな男に頼るような生き方をしていたら、確実に路頭に迷う。そういう例を嫌と言うほど見てきました。

大学受験で上京中、義父が借金苦で自殺しました。葬式に帰ったら、ぼこぼこに殴られた母がいた。父が死ぬ前に、私の進学のためのお金を「出せ」って母を殴ったんです。とにかくここから抜け出したい。ここで殴られる人になりたくない。母が死守した全財産140万円のうち、100万円を持たせてもらって上京しました。希望や夢があってここまでこられたのではなく、田舎に戻らないですむために自分で稼ごう、稼げれば殴られずに済むはずだという一心でした。

田舎にいたころは、私もシンナーを吸っているような男と平気で付き合っていた。でも、東京でエロ本のカット描きから始めて、仕事がうまくいくようになるにつれ、約束を守るとか、貯金があるとか、人として当たり前だけど、私は見たことがなかったような男性と知り合うようになりました。

一流の編集者の方々が、とにかく誠意を持って、私のしたい仕事をさせてくれた。

一生懸命仕事をしてきたからこそ、素晴らしい人たちと出会えました。

20歳のころまでは、困れば誰かしら助けてくれるかもしれない。でも、若さとか顔がきれいとか、そんなの20年後には資産価値ゼロになる。相手に頼っているだけでは必ずこけます。死別した私の元夫みたいに、アルコール依存症やガンになってしまうことも。どんなに立派でも、人って傷んだり、壊れたりするんです。そうなってから「やだ、私なんにも悪くないのに」では通らないんですよ。

20歳から40歳までに、いかにキャリアを磨いて自分の資産価値を高められるか。人生経験や経済観念、人に対する優しさ、仕事のスキル……。女磨きって、エステやネイルサロンに通うことじゃないんです。

それから、女の子を育てている親や学校の先生たちには、働いて自立するということに加え、危機回避の方法をしっかり教えてあげてほしいです。暴力から逃れるためのシェルターの存在や、いざというときの生活保護の受け方、「あなたはパートナーにひどいことを言われたり暴力を振るわれたりしていい人じゃないんだよ」ということも。

結婚するときは、いざというときに逃げるための、夫に内緒のお金を持っておくように、ということも伝えてあげて。「思いやりのある大人になりましょう」とか、立派な言葉はいくらでも転がっている。

でも、危機回避のための知識を持っている女性は実に少ない。知識がないと逃げ遅れます。今、愛している相手でも、変わることがある。いざというときにはすぐ逃げていい。逃げるためのお金は必ず持っておいて。世知辛い話だけど、きちっと伝えてあげてほしいです。

（聞き手・三島あずさ、２０１７年３月６日掲載）

日本の男性は、若い女の子が好きだよね。みんな年取るんですけど。

きれいに年を取って自分の人生を歩んでいる女性が格好いいし、すてきだ、というのを男性が理解しなきゃいけないと思う。

土屋アンナ（モデル・歌手）

つちや・あんな／1984年生まれ。モデル、歌手、俳優。2004年に出演した映画「下妻物語」では日本アカデミー賞新人俳優賞などを受賞。歌手としては世界約50カ国でCDをリリース。息子二人と娘二人を育てる母でもある小さいころは、今みたいにズバズバ言うタイプではなかったんですよ。父親がアメリカ人で見た目も違うし、周りから「アンナは違う」と言われる。でもみんなと仲良くしたいから、嫌な顔をせず明るく「ハイハイ」って聞いて、みんなにくっついていってた。よい子でいたい、よい子でいなきゃ、と思っていました。

違和感を覚えるようになったのは中学生のとき。誰かが急に一人の悪口を言うようになると、他のみんなも同じ子の悪口を言う。その子は何も変わってないのに。「私がその子の側についたら、私も悪口を言われるのかな」と思って試してみたら、そんな感じになって。「あ、面白い。世の中って、教科書に載っていない教えがいっぱいあるんだな」と感じました。

ネイティブ・アメリカンやマザー・テレサの本を読んで「人間とは」ということを考えるようになり、一匹おおかみっぽくなっていきました。一匹おおかみでもいいや、と思えた理由はすごくシンプル。誰かをいじめている子の仲間になったら自分がだめになる、と思ったから。人は山ほどいる。100人に1人は手をさしのべてくれるはずだと信じて、一人で立ち向かえないときには、そういう人をがむしゃらに探せばいいと思うんですよ。

高校のときの倫理の先生が面白くてね。机を指して「これはなんだ」と聞く。みんなが「机」と言ったら、「本当にそうか？　俺には椅子に見える。だって、座れば椅子じゃないか」って。人によって見方が違うから、誰かが言っているからというのをうのみにしてはいけないんだ、と教わった。

母は厳しい人。でも、自分の人生は自分で作っていかなきゃいけないから、「私はこういう考えを持っている」というのをけんかしながらも主張してきました。人生の選択で悩んだときには、自分の心に聞いて決めてきた。我慢して、それで失敗したら後悔すると思うから。結果がどうであれ、ね。離婚も経験したけど、結果として子どもたちがいるから、失敗だとは思っていません。

日本の男性は、若い女の子が好きだよね。みんな年取るんですけど、って思うし、お前も年取ってるぞ、って。きれいに年を取って自分の人生を歩んでいる女性が格好いいし、すてきだ、というのを男性が理解しなきゃいけないと思う。

私、母親だけが子どもをずっと抱いているのも嫌なの。子どもって、重いじゃないですか。なんで父親が抱かないの、って思う。子どもを育てるのは女性だという考えなんだろうけど、半々でいいよね、って。

「女が男を立てる」と言うけど、男も女を立てなきゃいけないんですよ。どちらも必死に生きてるんだから、お互いにリスペクトしてお互いに立てるというのが愛情だと思う。そしたら、立てあいっこで最高ですよね。

2017年に娘が生まれ、息子二人と夫の五人家族（取材時）になりました。うちは家事を分担制にして息子たちにもやらせてるから、彼らが大きくなったときは家のこともすると思う。今、子育て中の親が男女お互いを立てることを教えれば、変わっていくんじゃないかな。

（聞き手・山本奈朱香、2018年3月8日掲載）

「女は一枚岩で、意見が一致するはず」なんて、幻想。「個」たれ！

ジェーン・スー（コラムニスト）

誰かと仲間になれないことをやみくもに悲観しないことが、「個」の輪郭をなぞる方法の一つなのかもしれない。

1973年、東京生まれの日本人。作詞家、コラムニスト、ラジオパーソナリティー。「未婚のプロ」として出した初の著書『私たちがプロポーズされないのには、101の理由があってだな』が話題に。他にも『貴様いつまで女子でいるつもりだ問題』、『女の甲冑、着たり脱いだり毎日が戦なり。』などの著書がある

「女は一枚岩で、意見が一致するはずだ」なんて、幻想。女同士なのにわかりあえないなんて、当たり前です。「娘」が「女」になり、「妻」「母」となっていくように、女性は出世魚のように呼称が変わっていく。男性も「息子」「父」と変わるけど、期待されるものは非対称だと思う。だから、意見は違って当然で、個々がそれぞれのやり方でそれぞれの方向で頑張っていけばよい。「個」たれ！と言いたいですね。

私は、幼いころは髪が短くて体も大きくて、「ピンク色が似合う、小さくてかわいらしい女の子」との乖離《かいり》を無自覚に感じていたと思います。家族は「女の子なんだから」と言うことはなく、高校・大学は女子校で悠々自適に過ごしました。でも、「話が面白い」とは言われても、「モテ」からは離れていく。社会に出ると、女性の先輩が男性と同じように出世していくことはなく、結婚しないとまずいんだろうな、とも感じる。ずっと「もやもや」を感じていました。

ただ、当時は「社会が『女性』の型を決めて期待してくるから生きづらさを感じている」とは気づいていなくて、「かわいくて守ってあげたい」要素を持っていない自分が悪いんだろうな、と思っていました。

一方、男性は「働いて家族を養う」という固定化された役割を期待されていて、支えてくれるパートナーを求める構造がある。その構造をお互いに理解しないと、一方だけが解消されるのは無理だな、と思うようになりました。

社会が悪いんだ、と言っても、その社会に育てられている私の中に偏見は内在している。だから今は、「社会が押しつけてくる女性らしさにおもねってしまう自分」を半笑いで見られるようになった。そういう社会で育っているので、当然なんだと。

昔は「ピンクのような異性におもねるような色や態度はダメ」と思っていた。でも、自分が恋愛対象としている人に「かわいいと思ってもらいたい」と感じること自体は当然だし、臨機応変にすればいい。かわいい格好をしてちゃいけないわけではなく、なんでも反論しなきゃいけないわけでもない。譲れないところを決めておく、ということではないでしょうか。

最近、「女性活用」が言われ、管理職に勧誘される女性が増えています。でも、管理職の男性たちはヘトヘトに疲れていて、家庭にサポートする人がいる状態で成り立っている。それを見て「私にはできません」と断ると、「これだから女は」と言われてしまいます。「このシステムを変えてみませんか」と提案すれば、変わるかもしれない。

「彩りを添える」ために女性が登用されることは今後もあると思います。そこでいちいち怒っていないで、ぐっと肩を入れて場所を広げていくのも大事。「正当に私を採って」というのはイデオロギーとしては正しいけど、実際に変えていくためには陣地を取らなければ。先に向こう側に入ってから、踊り場にいる女性たちを引き上げることもできると思います。

私は母を24歳のときに亡くしたので、「結婚しなさい」というようなことは言われなかったんですね。「仕事を辞めないように」というのが遺言のようなものだった。たぶん、私は働き続けることで「個」が確立していったんだと思います。

でも、それは私の場合。私は家事は効率よくできないし、働いていることのほうが得意なんです。そのようになれないからといって、傷つけられたような気持ちになる必要はない。誰かと仲間になれないことをやみくもに悲観しないことが、「個」の輪郭をなぞる方法の一つなのかもしれない。

今も、「もやもや」から解き放たれたわけではないけれど、感じたときには、はっきり言うようになりました。それは、年齢や経験、立場が変わったから。この文章を読んで「私もこんな方法がとれるかも」と励まされる人がいたらうれしいけど、「これでは無理」と思ったとしても悲観的になる必要はありません。

とにかく「個」だと思います。

（聞き手・山本奈朱香、２０１7年3月2日掲載）

殿方におんぶにだっこで「幸せな結婚」が夢でした。

阿川佐和子（作家）

自分が必要とされている場所は、思っている以上に広いもの。だから視野を狭めないで。そして、食わず嫌いをしないで。きっと、新しい発見がたくさんあると思いますよ。

あがわ・さわこ／1953年、東京都生まれ。慶應義塾大学文学部を卒業後、報道番組のキャスターを経て、作家やインタビュアーとして活躍。著書に、高齢者医療の第一人者である大塚宣夫氏との対談本『看る力』や、小説『ことことこーこ』、エッセイ『いい女、ふだんブッ散らかしており』がある人生って必ずしも、自分の意思だけでは切り開けないものですよね。

子どものころは「結婚が最終ゴールだ」と思っていました。母は専業主婦。外で仕事をしている女性は近くにほとんどいなかったし、女が組織に入って仕事をするなんて想像もつかなかった。だから、ほどほどに経済力のある殿方におんぶにだっこして、子どもを育てながら、自分の好きなことをちょこっとできるような「幸せな結婚」が夢でした。

ただ、お見合いをしても、なかなかうまくいかない……。そんなときにたまたま声をかけられて、映像や活字の仕事を始めました。インタビューをするのも書くのも、基本好きじゃない。だけど、怒られたくなくて必死にやったら、たまに「よかったよ」って言ってもらえることがある。その繰り返しでここまで来ました。自分の好き嫌いにかかわらず、周りからの評価がチャンスになることがあるんですよね。

仕事を始めたころ、報道の世界は完全な男社会。私は男の人と争って地位を獲得しようという気は全然なかったし、お茶を出したり、ビールをついだりすることも、当時は抵抗がなかった。ただ、「女らしい視点で取材を」なんて言われると、「女らしいって何ですか」って聞き返しちゃう。アガワとしての視点ならともかく、私は女の代表じゃないぞって。「女はヤワネタ（柔らかい話題）をやっていればいい」みたいな声にも怒っていました。

だけど、男性みんなが女らしさを求めてきたわけじゃない。最初の上司だったニュースキャスターの秋元秀雄さん（故人）は「女を売るような仕事はさせるな」って周りにおっしゃっていた。だから私は、男だ女だというより、個人を見て仕事をしていました。

もちろん、大きく分ければ、男と女で違いはあると思っています。オバサンばかり集まると、つい世間話で盛り上がって仕事の話が進まないこともあるけど、逆に男性が遠慮して話を聞けないことも、オバサンだとずばっと聞けちゃう。互いに罵倒するのではなく、それぞれのいいところをうまく組み合わせていけばいいんじゃないでしょうか。

年を重ねるのは楽しいですよ。仕事を始めた30歳ぐらいのころは、どこか「いい子でないといけない」って思ってたんです。「知的な子と見られたい」とか、男性からの視線も気にしていたと思う。ただ、20年ぐらい前に「ビートたけしのＴＶタックル」というバラエティー番組でバカなことを言ってしまって。「阿川佐和子ってこんなバカなんだ」ということを公共の電波でさらしたら、そこから楽になりました。

２０１7年5月に結婚。「今から生活を変えるのは大変では？」なんて、みんなに聞かれます。だけど、私はやったことや見たことがない世界を、外から見学するんじゃなくて、「中に入って知りたい」という興味があるんです。２０１7年に初めての連続ドラマにレギュラー出演したときも、最初は「ムリムリ！」と思っていたけど、やってみると「みんなこういうふうに苦労しているんだ」と気づく。そういう発見がうれしいんですよね。大変なこともあるけど、それを含めて面白いじゃん、人生って。

ボランティアでも、趣味のお稽古でも、自分が必要とされる場所をいっぱい持っておくと、人は楽になると思うんです。女性の場合、家では妻や母親などの役割があって、そこで一生懸命になる。ただ、それ一本でやっていると、裏切られたときの挫折が大きい。

介護だってそうですよ。親のためだと一生懸命してても、「あれは食べられない」「これはしたくない」なんて言われて、逆に嫌われちゃうこともある。「私はこんなに頑張っているのに、なんで報われないの?」と感じるばかりだったら、悲しくなりますよ。

私の場合は、映像と活字の世界があった。どっちもいつなくなるか不安定な仕事だけど、映像でうまくいかないときに活字で評価してくれる人がいたり、その逆もあったり。違う世界を行き来することで、楽になった。そこに恋愛とか、親の問題とか、いっぱい世界が加わる。それは大変だけど、気分転換ができた。

自分が必要とされている場所は、自分が思っている以上に広いもの。だから視野を狭めないで。そして、食わず嫌いをしないで。きっと、新しい発見がたくさんあると思いますよ。

(聞き手・塩入 彩、2018年3月2日掲載)

周囲がつけた「色」ではなくて、自分がつくった「色」に染まろうと、決意しました。

サヘル・ローズ（俳優）

「どんどん失敗していいから、自分の言葉をもっと口にして。本能のままに、もっとアクを出していいよ」と思います。

1985年、イラン生まれ。養母と来日。高校在学中からラジオ番組などで芸能活動を始める。「探検バクモン」などにレギュラー出演中。主演映画「冷たい床」ではニース国際映画祭などで最優秀主演女優賞にノミネートされるなど、映画や舞台、女優としても活動の幅を広げている。国際人権NGO「すべての子どもに家庭を」で親善大使も務めているランドセルの色も、洋服も、将来の夢も。日本の社会や学校って、何でも「男の子用」「女の子用」を分けすぎです。

8歳のときに初めてイランから来日して、埼玉県の小学校に入学したときは「男子と女子が隣同士に座って勉強できるんだ」って驚いたんです。日本のことはテレビドラマの「おしん」でしか知らなかったし、イランでは男女別学が普通だったので「自由だなあ」と。

ところが、学校に通い、友達ができるうちに、逆に「なんで別々なんだろう」って不思議に思うことが増えました。「ランドセルは、なんで女子は赤、男子は黒なんだろう」。体操着のブルマーの独特の形を見たときには「え、なんで女子だけこの形？　普通のズボンじゃだめなの？」って。

将来の夢を聞くと、「お嫁さん」と答える女の子が多いのも意外でした。イランでは「お嫁さんになりたい」という子はあまりいない。女性に制約が多いからこそ、経済的に自立したいという気持ちが強いのか、「医者になりたい」「弁護士になりたい」という子が多かったですね。

日本の女の子たちは、教育や制度の上では自由でなんでもできるのに、ぶつかってでも欲しいものを取りに行くより前に、自分の思いをぐっとのみ込んで、自ら「一歩下がった場所」を選んでしまうことが多いように感じます。私は「どんどん失敗していいから、自分の言葉をもっと、もっと口にして。本能のままに、もっとアクを出していいよ」と思います。「周囲がつくる女性像」に染まるのではなくて、「自分がつくる女性像」を生きてほしいです。

そんな私にも、「周囲がつくる女性像」の中で悩んだ時期はあります。高校生のときに芸能界に入り、外国人タレントの「その他大勢」という立場で仕事をしているうちに、「私、無色だな」と感じたんです。気をつかって、無意識のうちに周囲にあわせるようにしていました。

外見から「イロモノ」扱いされてきたけど、どうせなら、周囲がつけた「色」ではなくて、自分がつくった「色」に染まろうと、25歳のときに決意しました。

台本について意見を言ったり、やってみたい企画をこちらから提案をしたり。「女のくせに生意気だ」と思われるかと怖かったけれど、実際には、仕事仲間と新たなチームワークが生まれ、信頼関係も高まりました。周囲になじめず傷つくこともありますが、「これは成長の痛みだ」と思うようにしています。

あこがれは、世界的モデルの山口小夜子さん（故人）。「外国人だから」でも「女性だから」でもなく、「個人」として仕事ができるようになりたいです。

私には、仕事を頑張る理由があります。私の幼少期と同じように児童養護施設で暮らす女の子たち、そして、日本で暮らす外国籍の女の子の「道しるべ」でありたい、という思いです。経済的に恵まれず、将来に夢を抱けない子。芸能界を目指したくても「男に利用されるのでは」と心配している子。そんな子たちが私を見て、「大丈夫」と安心してもらえるような存在でありたいです。

女の子であれ、男の子であれ、本能のままに。自分の「色」をつくっていこう。

わたしも、あなたも。

（聞き手・市川美亜子、2017年2月28日掲載）

モテるために生きています。

菅本裕子（モテクリエイター）

アイドルをやめたことがずっとコンプレックスだったけど、
ネガティブなことも、ちょっと見方を変えれば、
ポジティブに変えられる。そこをうまく切り替えられる人が、
「モテる人」なのだと思います。

すがもと・ゆうこ／1994年、福岡県生まれ。HKT48のメンバーを脱退後、ニートになるもSNSの自己プロデュースでモテクリエイターに。メイクやファッション情報をSNSで発信し、10代、20代の女性から絶大な支持を集めるインフルエンサー。著書に『SNSで夢を叶える』。愛称は、ゆうこす

モテるために生きています。たくさんの男性と付き合いたいという意味ではなく、男女を問わず「いい子だね、かわいいね」と愛されたいという意味です。

でもぶりっ子は嫌われるから、中学時代はメチャクチャ嫌われました。悪口も言われたい放題だったけど、悪いことをしているとは思っていなかったから、言い返すことはありませんでした。「こういう言い方は傷つくんだ」と気づけたことで、「経験値がレベル1上がった！」と思うようにしていました。

高校入学後も、アイドルになったけど挫折して、引退後は福岡の実家に引きこもり、ニート生活を送っていました。死にたい、消えてしまいたいと思ったこともあります。

それでも、SNSで発信することだけはやめませんでした。というか、それしかすることがなかったんですよね。だけど、仕事もしていないのに充実ぶりをアピールしても、誰もついてきてくれない。アイドル時代から、「アンチを増やさないように」と気を使ってばかりだったから、他人に好かれようと行動していくうちに個性がなくなって空っぽになった気分でした。

そんなどん底から踏ん張れたのは、「自分が本当にやりたいこと」に気づけたからだと思います。私の場合はそれが、ファッションやコスメでした。自分の芯が通っていないと、人からは愛されません。少しずつ私の発信に共感してくれる人が増えてきて、今は自分を嫌う人にまで好かれようとは思わなくなりました。

アイドルをやめたことがずっとコンプレックスだったけど、だからこそ、SNSで発信を始め、「モテクリエイター」として復活した、というストーリーが生まれました。これが私の武器です。ネガティブなことも、ちょっと見方を変えれば、ポジティブに変えられる。そこをうまく切り替えられる人が、「モテる人」なのだと思います。

失敗することも多いけど、とにかく挑戦し続けています。その一つが、「やりたい事をやって生きたいの」というプロジェクトの立ち上げです。きっかけはファンの子が、芸能事務所にだまされそうになったと聞いたことでした。私も今の個人事務所を立ち上げる前に、危うくヌードにされそうだったんですよ。

女の子が夢に向かって頑張りたいという気持ちを逆手に取って、だます大人がいるのが現実です。個人の力で、やりたいことを実現する方法を伝えなければ、という使命感にかられました。

プロジェクトでは何度かワークショップを開きましたが、夢を語っても、行動に移せる子は1割いるかいないか。とにかく行動すれば勝ちで、失敗したってそれが成功につながる武器になるのにと、もったいなく思います。

現実には「女の子だから」「男の子だから」という固定観念は、入り口の部分ではあると思います。でも私はそれが、逆にラッキーだと思っています。だって、SNSのビジネス戦略について話すときも、「23歳の若い女性が何を言っているんだ」と期待値が低いところから始められるんですよ。ジェンダーの壁だととらえず、むしろ、その壁を武器にしちゃえばいいんじゃないかなと思っています。

（聞き手・岡崎明子、２０１８年2月28日掲載）

日本の女の子の周りには、たくさんの「呪い」の言葉が転がっています。

「女のくせに」「女子力」など、女性に対するバイアスを押しつける言葉を、僕は「呪い」と呼んでいます。僕は、「呪いの言葉に耳を貸すな」と、女の子たちに伝えたい。

駒崎弘樹（NPO法人代表）

こまざき・ひろき／1979年、東京都生まれ。病児保育、小規模保育、障害児保育、赤ちゃん縁組などを運営する認定NPO法人「フローレンス」代表。厚生労働省「イクメンプロジェクト」推進委員会座長、内閣府「子ども・子育て会議」委員。近著に『世界一子どもを育てやすい国にしよう』（共著）などがある

春から小学生になる娘が先日、「友達から『女のくせに』と言われた」と教えてくれました。まだ6歳になったばかりなのに。そんな娘に「女だからといってできないことは何もないんだよ」と力説しながら、「呪い」の言葉はこうやって幼いときから女の子を縛りつけていくのかと実感しました。

「女のくせに」など、女性に対するバイアスを押しつける言葉を、僕は「呪い」と呼んでいます。2016年末に放映された人気ドラマ「逃げるは恥だが役に立つ」(TBS系列)で、登場人物の女性の一人が、女性へのさまざまなバイアスを「呪い」と表現し、広まった言葉です。

「女子力」という言葉をはじめ、「女の子なんだから勉強はほどほどで」「結婚が幸せ」「子どもが生まれたらよき母親に」。日本の女の子の周りには、たくさんの「呪い」の言葉が転がっています。

子ども向けのテレビ番組もそうです。いつもなぜか女性が補助的な立ち位置にいることが多い。ヒーローものの番組でも、「守る男性」と「守られる女性」というステレオタイプしかない。

海外では、性別の固定観念にとらわれないアニメや絵本がたくさんあります。たとえば日本の子どもにも人気のアニメ・絵本シリーズ「おさるのジョージ」。登場する科学者のワイズマン博士は黒人の女性です。このシリーズでは、ほかの登場人物も職業と性別がステレオタイプに陥らないよう、徹底した多様性への配慮が行き届いていて見事です。

ディズニーの「ちいさなプリンセス ソフィア」も、主人公が乗馬に挑戦する際、当初は「女の子には無理」と言われながらも練習に励み、最後に勝つという筋書きがあります。ジェンダーの壁や限界を乗り越えるということが、常々物語の中で繰り返し伝えられている。

日本のメディアはこうした海外の水準から立ち遅れています。メディアで性別役割のイメージが強化され、それが女子力のような言葉と接続されていて、私たちを縛っていると思います。

こうした中で育った女の子は、小さなときから結婚や出産という期待を背負い、子どもが生まれたら仕事を辞めて夫の長時間労働を支え、介護の場面でも同じことが繰り返されていく。人生の節目節目で、女性は常に補助的な役割を求められ、なおかつ、本人の中でも「自分はそうあるべきだ」と内面化すらされている。自ら「呪い」を自分にかけてもいるわけです。

こうした「呪い」から女の子が自由であり続けられるように、少なくとも親はそのたびに、「これは呪いの言葉だよ」と指摘し続けることが必要だと思います。女の子を縛ろうとしている鎖なんて、本当はないんだと言い続けなければいけない。

ましてや女の子だから勉強はほどほどでいい、など、親が呪いの言葉をかけてなにか枠にはめ込むなんてことは、あってはいけないと思っています。それが続けば、檻《おり》の鍵《かぎ》はかかっていないのに、自ら檻の中にとどまる生き方しかできない。

これは女性だけの問題ではありません。女性が「守られるべき存在」を求められる一方で、男性は「守るべき存在」を求められ、強くて、大黒柱でないといけないというイメージの中で生きづらさにもつながっている。女性を縛るものは、男性を縛るものとコインの裏表の関係だと思います。女性を縛るものを解きほぐしていくことは、ひいては、男性をも解放することになるのです。

こうしたことを踏まえて僕は、「呪いの言葉に耳を貸すな」と、女の子たちに伝えたい。呪いをはく大人の言うことに耳を貸す必要は一切ないのです。自分の娘だけでなく、ほかの女の子たちにもそう言い続けたいと思っています。

（聞き手・錦光山雅子、２０１７年３月１日掲載）

「スペシャルガール」だと思っていいんだよ。

ぺこ（読者モデル）

着たいと思うものを自信満々に着ていたら、きっと似合うし、似合わせられる。自分のことを大好きじゃないとキラキラできないし、「自分に自信があるんだな」という人は楽しそう。

1995年、大阪府生まれ。10代の女性に人気のファッションモデル。ブログやツイッターに多くのファンを持つ。2016年末、タレントでアーティストのりゅうちぇるさんと結婚した。18年7月に出産し、一児の母となった芸能界にいても、他人と比べることはまったくないです。比べても意味ないやん、って思う。自分は自分だし、自分は「スペシャルガール」だと思っていいんだよ、って。どんなにダメダメな人でも絶対に一つぐらいいいところはあるし、まず自分のいいところを見つけるのが大事かな、と。

恋愛でも、彼氏をつくるために男子受けする格好をしよう、というようなのは好きじゃない。最初はうまくいっても絶対にぼろが出るし、うその自分だから。私がりゅうちぇると出会えてこうなれたのも、そこだと思う。会った瞬間にお互い一目ぼれして、「自分を大事にしているんだな」って思えたんですね。

だから、自分のすてきなところを殺してまで出会うのは違うんじゃないかなと思うし、もったいないよ、って思います。そんなことをしなくても、絶対にそのままを受け入れてくれる人はいるから。私はそれを証明したよ、って思う。

高校のときは学校の男子が嫌いで、絶対に付き合いたくないと思っていた。うるさいし、いちびっている（調子に乗ってふざける）感じが本当に無理。私のことを理解してくれる人がおるはずや、と思っていた。

私、小さいときから理想のタイプが全然変わってなくて。ブロンドで顔がちょっと長めで目がくりっとしてて、優しくて面白くて、プライドが高くなくて、ディズニーランドに一緒に行けて……。

でも、現実味がないのはわかっていたし、夢の世界だったので、りゅうちぇるに会ったときは、本当に王子様が現れたっていう感じだった。りゅうちぇるは、めちゃくちゃ優しいし、たくさん自分を曲げてくれるけど、強い芯があるし、いざというときは本当に男らしいし、しっかりしている部分もたくさんある。

男らしさも、強さで表現するんじゃなくて、心の優しさだったりとかで伝わるので、そこが本当に好きです。夢じゃないかな、って不安になるくらい理想だし、幸せ。でも、「私」を貫いてきたから出会えたのだと思うんです。

私は小さいころから「人と一緒」が嫌で、常に人と違う格好をしてきました。クラシックバレエをやっていたこともあって表現することが好きで、「人とは違う」と思われたかった。中学や高校は制服だから髪形で表現するしかなくて、めっちゃ短くしてボーイッシュにしたり、スカートも周りが短くしている中で長くしたり。

私のブログには「性格もファッションも、学校や友達にあわせちゃう」「着たいものはあるけど似合わない気がする」というような相談が多いです。私が感じたことのないようなことを相談してくれる。

着たいと思うものを自信満々に着ていたら、きっと似合うし、似合わせられる。私は高校時代、地元の駅でよく周りの人からジロジロ見られたけど、超ドヤ顔で歩いていた。目立ちたがりではないんですけど、単純に着たいから着ているだけ。素直な気持ちに従っているだけなので、みんなもそうしてほしいな、って思う。まず、理想の自分になるのが一番楽しいから。

理想の自分ですか？　見た目は、90年代のロサンゼルスに住んでいるような、ラフに生きている感じの女の子。それと、自分を一番大切にして、好きなことをしていきたい。

２０１６年末から英語を習い始めました。私のファッションを見て、海外の人がSNSで「かわいい」と言ってくれることもある。ファッションでこんなに世界が広がるなら、英語が話せたらもっと広がるやろうな、って。たくさん海外にも行って、憧れてきた洋画の世界に自分の足で行こうと思います。

自分のことを大好きじゃないとキラキラできないし、「自分に自信があるんだな」という人は楽しそう。私、「自分なんて」と思ったことがないんですよね。なんでだろう。人は人、自分は自分、というのが大きいですね。

（聞き手・山本奈朱香、２０１７年2月23日掲載）

だって僕、原宿の人だもん、っていう優越感。

りゅうちぇる（タレント・アーティスト）

レインボー色の髪に、21センチの厚底の靴を履いて山手線に乗ると、「うっわ、超派手な人が乗ってきた」って隠し撮りとかされて。原宿で降りるよね、って思われている中で原宿で降りる（笑）。ようやくなんにも気にせず人前に出ることができた。

1995年、沖縄県生まれ。タレント、アーティスト。2016年末に読者モデルのぺこさんと結婚。18年7月、ぺこさんが第一子を出産した。RYUCHELLとして歌手活動も行っている小さなころからかわいいものが大好きでした。でも親からは「普通じゃないよ」と言われ、自分を隠していました。先生も「個性を抑えなさい」「協調性を大事にしなさい」って。でも、「普通」という言葉ほどあいまいなものはない。自分の中の普通はこれだし、僕からすると、みんなのほうがよっぽど個性的だけど、自分は受け入れてもらえない人間なんだと思っていました。

自分が好きな格好をしているだけで「おかま」と言われた。ずっと、日本は嫌だ、海外に行きたい、って思っていました。でも東京に原宿という街があることを知り、「個性が許される街が日本にあるんだ」と感動しました。中学時代は「いじめられたくない」という気持ちが強くて自分を隠していて、本当につらかったです。当時は洋楽やミュージカルに助けられた。高校は地元の子とは離れた学校に進学しました。

高校時代にバイトしてお金をためて、卒業したら沖縄から上京。東京に、じゃなくて、原宿に上京したんです。ショップ店員だったので全然お金はなかったんですけど、すっごく楽しかった。

レインボー色の髪に、21センチの厚底の靴を履いて（JR）山手線に乗ると、「うっわ、超派手な人が乗ってきた」って隠し撮りとかされて。原宿で降りるよね、って思われている中で原宿で降りる（笑）。だって僕、原宿の人だもん、っていう優越感。ようやくなんにも気にせず人前に出ることができた。

（モデルで妻の）ぺこりんと初めて会ったときに、「この子は自分のことを貫いてきた子だ」って見抜けて、お互いにびびっときた。

「モテファッション」もその人の個性だからいいと思うんですけど、もし「素の自分は違うけど、素だとモテない」と自分で決めつけて隠しているのだとしたら、僕とぺこりんのような、素の自分をお互いが表現したときに起こる一目ぼれはできない。素を見せて好きな場所に行くという行動は、運命の人に出会える近道だったと思います。

テレビで自分の経験を話すと、同世代から「私も悩んでた」とか、お母さん世代から「好きなファッションをしたいけどママ友の目が気になる」というコメントをたくさんもらった。それで、「自分は今ハッピーかもしれないけど、今も悩んでいる人はたくさんいる。自分にはやることがある」と思うようになりました。

1年前から歌とダンスを習い始め、（2018年の）2月14日にデビューシングルを出しました。僕は学生時代、音楽があったから前を向けた。ようやく表現できる立場になれたんだから、メッセージを届けたいと思って。

歌詞に「ココからコレから普通を変えよう」というフレーズを入れました。「普通って何？」って思っている人はきっと僕だけじゃない。それに文句を言うだけじゃなくて、自分たちで行動しよう、と。何も行動しないで決めつけてしまいたい気持ちもあるんですけど、でも行動したら、本当に何か変わったりするんですよね。

（妊娠中の）ぺこりんとよく話すんですけど、ママとパパになっても個性を貫く姿を見せたいね、って。親がからかわれることで子どもが傷つくこともあるかもしれないけど、でも、偽りの自分が何を教えられるんだろう、って思うんですよ。素を出す素晴らしさ、どんな自分も愛してあげる素晴らしさを教えてあげたいし、自分をしっかり持ったパパママとして子どもと対等に接していきたいです。

ぺこりんとの関係も自然です。昔は亭主関白というのがあったのかもしれないけど、男もごはんを食べるなら食器を洗うし、トイレも風呂も入るんだから掃除するでしょ、って。気づいた人がやるというスタイル。男と女というより、人と人ですから。

僕は10代で原宿に来て世界が広がった。「10代のうちに遊びな」という人もいるけど、僕の場合は遊ぶというよりも自分を明確にしたい、という感じでした。上京は親に超反対されたし、お金もないまま来たんですけど、「行ったら何か変わる」って思っていた。

10代って疲れを知らないし、怖さもないし、どこまでも進んでいけるようなパワーがある。やりたいことをやって、行きたいところに行って。そしたら自然と出会いに恵まれていくと思う。だから、正直に生きてほしいですね。女の子も、男の子も。

（聞き手・山本奈朱香、２０１８年2月27日掲載）

第2章
悩むより、動く

崖から飛び降りるのが好きなんですね（笑）。

動かない人、行動しない人が悩んでいる。ちょっとでも動いてみたらと伝えています。関係ないんですよ、世の中は。自分の意思で動く。

夏木マリ（俳優）

なつき・まり／1973年デビュー。80年代から演劇にも活動の場を広げ、芸術選奨文部大臣新人賞などを受賞。93年からコンセプチュアルアートシアター「印象派」で身体表現を極め、ルーヴル美術館他、海外公演でも成功を収める。歌手、俳優、演出のほか、途上国への支援活動「One of Love プロジェクト」の代表を務めるなど多岐にわたる活動を精力的に続けている

子ども時代、私は出たがりだったけど、自分の意見をあまり言えないというか、バランスの悪い子でしたね。

20代のころも敷かれたレールの上で仕事をしていました。（ロック歌手の）ジャニス・ジョプリンが好きで、バンドのフロントに立ちたいと思っていたけど、デビュー曲は歌謡曲。居心地はよくなかった。夏は水着で四つんばいになって撮影。嫌だなぁと思いながら、そういうものかなと思ってやっていました。今考えると、「これは私の人生に必要ない」と思えれば、若くても「嫌だ」と言えたと思うし、伝えればよかった、と思います。

自分はどういう人間になっていくかというイメージを持つのは、すごく大事だと思う。そのイメージが持てれば自分の志も伝わるし、そういう人がたくさんいれば、多様ですてきな日本になると思います。

多様性が必要だと感じるようになったのは、１９９０年代にニューヨークに行ったあたりからでしょうか。大きな決断をするときに、私にも意見を聞いてくる。年齢も男女にも関係なく。そういうところがすてきだな、と思ったし、そうありたいな、と思いましたね。私たちの仕事は年齢での活躍の場が影響されるわけでもなく、年齢は記号だと思うようにもなりました。

普段はあまり振り返らないんですけど、ロクマル（60歳）になったときに「自分の人生どうだったのかな」と思ったら、なかなか笑える人生でした。その思いをリハーサルでブルースに乗せて歌ってできた曲が「60blues（スワサントンブルース）」という曲です。

一人で死んでいくと思っていたけど、59歳で籍を入れました。熟年離婚するころに。そういうのも笑っちゃう人生。人と違うけど、百人いたら百通りの人生がありますからね。自分のペースで進んでると、他の人は何も言いませんよ。

雑誌で30代から40代の女性から相談を受けることを続けて、本にもなりましたが、いつの時代も同じですね。動かない人、行動しない人が悩んでいる。ちょっとでも動いてみたらと伝えています。

婚活のことも相談にはたくさんあります。私は婚活は反対派です。この前も「婚活に疲れました」っていう相談がきたんだけど、一歩外に出たら婚活。出会いがあるかもしれないじゃない。だから、一人でいるときに女を磨いたらいいと感じますが……。

動くと発見がある。その中で私の作っている舞台「印象派」は、１９９３年のスタート時には失敗と言える集客、劇評でした。でも創ることに意味があると思っているので、２０１８年で25年になりますが続けています。崖から飛び降りるのが好きなんですね（笑）。まるきり出来ないところから始めると、発見があって次につながる。

若いうちに自分の好き嫌いを知って、生き方を早くイメージできたらクールですよね。動かないで悩んでいる人は、頭で考えたり世間をチラ見していたり。関係ないんですよ、世の中は。誰も自分のことなんか見てないですから。自分の意思で動く。そういう女性が増えてくれれば、男性たちの思いも変わってくるんじゃないかな、と思います。

（聞き手・山本奈朱香、２０１８年3月8日掲載）

結婚相手はよく考えて、打算的に選ばなくっちゃ。

赤ん坊だった息子のお風呂や、おむつ替えは夫がしていました。私は食事担当でした。家事は一点豪華主義。これだけは私がやる、と決めればいいと思っていました。

中川李枝子（作家）

なかがわ・りえこ／1935年、札幌市生まれ。『いやいやえん』（62年）で厚生大臣賞。代表作に『ぐりとぐら』など。映画「となりのトトロ」の主題歌「さんぽ」の作詞も手がけた。翻訳した『アンネの童話』が2017年、文庫本で再版になった子ども向けのお話を作りながら、保育士として37歳までの17年間、無認可の「みどり保育園」で働きました。いろんな子がいて楽しかった。目立たないけれどいつも友達が寄ってくる子、常に跳びはねているような子、誰とでも丁々発止《ちょうちょうはっし》の子……。どんな子も個性はそれぞれ。男の子、女の子、というくくりには到底収まらないものです。

女の子を主人公に描いた『ももいろのきりん』では主人公「るるこ」が紙で作ったキリンと冒険に出ます。熊と対決もする。行動力があって、勇敢でかしこいし、泣くときも「うおーっ、うおーっ」。モデルは保育園の女の子たちです。

「うちの子は女の子だから」なんてとくに期待もせず、やる気も取り上げてしまうような大人にはカチンときます。先日、海外で折り紙の研究者として活躍する卒園生の女性が、学会に出席するため東京に来ていたの。研究をまとめた本をくれました。自分の手で人生を選び取っている姿を見ると、頼もしく、うれしくなります。

東京都立高等保母学院（当時）に入る前に通っていた高校は、女子校で大学もありました。「良妻賢母」になるのが一番の幸せだ、と決めつける先生と大口論したものです。親からも「女の子だからそのまま付属の大学へ進めば」とも言われました。でも私は、大好きだった岩波少年文庫の『ジェーン・アダムスの生涯』を読んで「子どもの幸せに関わる仕事がしたい」と思っていたので、飛び出しました。

経済的に自立することが、私のなかでは大事でした。というのも、小学生だった戦時中、父の本を片っ端から読んでいて、2年生のときに出合ったのが『寡婦《かふ》マルタ』。子ども向けの本ではありません。岩波文庫のグリム童話が大好きで、題名が同じカタカナだったものだから、読めるかなと思っちゃったのね。

お嬢様教育を受けたマルタは幸せな結婚をするのだけど、若くして夫を亡くした後、それはそれは苦しい生活を送る物語です。「マルタにはなるまい！」と思った。花嫁修業ではなくて、自活できる専門分野を持たなくちゃ、って。

保育士だったころの毎日を振り返ると、昼は保育園、夜は原稿書き、そして子育て。一番忙しかった当時、どうやりくりしていたのか、もう忘れちゃったわね。でも確実なのは、家事や子育てを自分一人でなんてしていなかったということ。

赤ん坊だった息子のお風呂や、おむつ替えは夫がしていました。ミルクの飲ませ方は私よりずっとうまかった。私は食事担当でした。家事は一点豪華主義。これだけは私がやる、と決めればいいと思っていました。といっても、家族が栄養失調や食中毒にならないように、というぐらいの心がけですが。自分のやりたいことがあるなら、結婚相手はよく考えて、うんと打算的に選ばなくっちゃ。

仕事も子育てもしている女性たちに伝えたいのは、「仕事が忙しくて子どもと十分な時間を持てない」と子どもに申し訳なさを抱かないで大丈夫、ということ。それを口実に仕事をやめたいなんて思わないでほしい。むしろ、お母さんはお仕事しているのよ、と子どもに胸を張ってほしい。子どもは喜びますよ。

大事なのは、一緒にいる時間の長さではありません。子どもがとびきりうれしいときと、悲しい気分のときに寄り添えるだけで十分。女性の活躍推進、なんて言われているけど、一人で完璧にやろうだなんて思っちゃダメですよ。

（聞き手・高橋末菜、２０１８年３月11日掲載）

選択の連続の先に、自分の未来が続いてゆく。

山口智子（俳優）

悩んでいる暇があったら、イエスかノーか、自分の心に聞いて、まず選択してみることです。自分の道を作っていくのは、自分しかいないのですから。

やまぐち・ともこ／1964年、栃木県生まれ。モデルを経て88年、NHK連続テレビ小説「純ちゃんの応援歌」で俳優デビュー。「ロングバケーション」などのドラマ出演のほか、世界の音楽文化を追う映像シリーズ「LISTEN.」(http://www.the-listen-project.com)をプロデュース

人生は、自分で選びとるものだと思います。人のせいにするのではなく、イエスかノーか、自分で選択している限り後悔はない。自分で選んだという自信が、人生を好転させていくと信じます。

大多数の声だけが、正解ではないはず。人と同じである必要はまったくない。自分の心の声に耳を傾け、自分ならではの個性を育んで、世の中の役に立つことだと思います。

今日、明日の結果だけではなくて、たっぷりと時間をかけて、いろいろな経験や感動を積み重ねていくことこそ、人生のだいご味です。まだ私も人生の旅の半ばですが、もっとたくさん学んで、自分は世界でいちばん幸せだと胸をはって誇れるような、自分ならではの道を築いていきたいです。

でも、最初から自分のやりたいことが、明確に見えている人は少ない。私もずっと、親から強いられた道に従ってきました。自分の夢を描くことを許されなかった、子ども時代の苦しさがあったからこそ、「選びとる人生」の素晴らしさを、今実感できるのかもしれません。

小さいころからずっと、家業の旅館を継いでおかみになるのだと、親に言われて育ちました。

学生時代、週末はいつも旅館業の手伝いでした。親は現場での実践修業が大切だから、大学に進学する必要はないという考えでした。私は家族の期待に応えたい一方、本当にそれが自分の望む道なのか、心を決めきれない葛藤がありました。心のどこかで、自分の人生を見つけるチャンスを、強く求めていたのだと思います。

受験が許されなかったので、受験せずに進学できる推薦入学という方法を見つけ、「2年たったら帰ってくるから」と親を説き伏せ、東京の短大に入学しました。期限付きの自由であることは、もちろん覚悟していました。

女子学生寮での生活が始まりました。門限も厳しい寮でしたがその中で、何か新しいことを学びたくて、声をかけていただいたモデルの仕事を始め、いろいろなオーディションを受け続けました。

仕事の撮影がのびると門限厳守も徐々に難しくなり、東京郊外の親戚の家に移り、都心へ通いながら勉強と仕事を続けました。そして23歳のとき、たまたまモデル事務所に募集がきた、ＮＨＫの連続テレビ小説のヒロイン役のオーディションを受け、幸運にも合格することができました。

まったく予想もしていなかった展開の中で、俳優の仕事が本格的に始まっても、「若いときにしかできない仕事だから」と親を説得し続けました。しかし、仕事に全身全霊をかけているうちに、いつのまにか親も私の選んだ道を認めてくれるようになりました。

目の前にある仕事が自分に合っているかなんて、きっと誰にもわかりません。でも、何かを変えたいと思ったら、とにかく全力を注いで力を尽くして、これだと思える答えを、自分で導いていくしかないのだと思います。

悩んでいる暇があったら、イエスかノーか、自分の心に聞いて、まず選択してみることです。その選択の連続の先に、自分の未来が続いてゆく。自分で選ぶ人生に誇りを持って進めば、絶対に大丈夫！　自分の道を作っていくのは、自分しかいないのですから。

この7年ほどは、世界の音楽文化を追う映像ライブラリー制作がライフワークです。人間の共通言語である音楽を通し、さまざまな土地の個性的な文化を学ぶことは、俳優としての人間修業でもあると思います。

一生をかけて、学び続けていきたいです。

（聞き手・錦光山雅子、2017年2月27日掲載）

企画書に書いたコンセプトは「女の子だって暴れたい！」です。

鷲尾　天（プリキュア初代プロデューサー）

女の子が主役で、自分たちで物事をとにかく突破することを見せたかった。どんなに巨大なものに立ち向かうときも、自分たちで解決する気持ちが一番大切だろうと思っていました。

わしお・たかし／1965年、秋田県生まれ。秋田朝日放送などを経て、1998年に東映アニメーションに入社。「釣りバカ日誌」や「キン肉マンII世」などをプロデュース。2004年に放送が始まった「ふたりはプリキュア」以来、プリキュアシリーズのプロデューサーを5年連続で務めた。現在は同社執行役員女の子向けのアニメをやってくれ、と会社に言われて「無理無理。女の子の気持ちもわからないのに」って思いました。でも、チャレンジするしかありませんでした。

企画書に書いたコンセプトは「女の子だって暴れたい！」です。それまでの女の子向けアニメは「魔法もの」が多くて、アクションがあまりないなと思っていました。「絶対に格好いいんだけどなあ。よし、それを形にしちゃえ」と。普通の少女が変身して敵と戦う「プリキュア」が、こうして生まれました。

初代プリキュアは二人組です。イメージしたのは、映画「48時間」や「ダーティハリー」、テレビドラマの「噂の刑事トミーとマツ」。東映アニメーションに転職する前は、あまりアニメを見ていませんでしたから、モデルとして浮かんだのは実写でした。

入社前は、地元の秋田朝日放送で報道記者をやったり、ドキュメンタリーを制作したりしていました。映像制作の面白さを感じて、より多くの人に見てもらうものを東京で作ろうと、東映アニメーションの中途採用に応募したんです。最終面接で

「アニメについて何も知らないのですが、いいんですか」と聞くと、当時の部長は「そのほうがいいんだ」。業界の外にいる人の考えを採り入れようということだったみたいです。

修業期間を経てアニメのプロデューサーになって、「金田一少年の事件簿ＳＰ」や「キン肉マンⅡ世」などを手がけました。まあ、基本的に男の子向けですよね。小さな女の子向けで、しかも原作がないというのも初めてだったのが、プリキュアでした。

企画を考えたときは「小さな子どもは、男の子も女の子も変わらない」と思っていました。親御さんが「女の子らしくしなさい」「男の子らしくしなさい」と教育して、だんだんと分化していくんだろうと。私も小さなころは隣に住む女の子と一緒に遊んでいました。大人になりきるような変身ごっこも二人でやっていましたね。だから、女の子も絶対に変身ものは好きだろうと確信的に思っていました。

「ドラゴンボールＺ」を手がけていた西尾大介さんに監督をお願いしました。キャラクターデザインについては、西尾さんがすごく細かい指示を出しました。アクションで足を踏ん張るから、靴はヒールなしで、といった具合に。変身後のコスチュームではあるんだけど、アクションのユニフォーム、アクションのためのよろいという意味を持たせたかったそうです。

アクションを基本とすることに、放送開始前は「女の子が見てくれますかね」と言われることもありました。変身アイテムのおもちゃは携帯電話の形で、カードを読み込ませて遊ぶのですが、おもちゃ会社の方では「女の子はカードで遊ばない。男の子だけだ」という意見もあったそうです。でも、放送初日に近所のおもちゃ店に行ってみたら、次から次と売れていた。これはいけるのかな、と手応えを感じましたね。

西尾監督と二人で話し合ったのは「嫌な映像を作るのはやめよう」ということ。食べ物の好き嫌いをするとか、大人を馬鹿にするとか。子どもが夢中になって見入ってしまうアニメでの表現は、子どもにすり込まれてしまいますから。

男女の差についての話は絶対に盛り込みませんでした。「女の子だから」「男の子だから」といったセリフもやめてもらっています。「関係ないじゃん」という気持ちで作っていましたから。親が「あの子は、これ、できてるじゃない」と言うようなシーンもありません。比較されるのは、子どもが一番嫌がりますよね。ここまで気を遣《つか》ったアニメは私にとって初めてでした。

プリキュアの戦闘には、男の子のキャラクターは参加しません。イケメンの男の子も登場するけれど、非力な存在です。女の子が主役で、自分たちで物事をとにかく突破することを見せたかった。どんなに巨大なものに立ち向かうときも、自分たちで解決する気持ちが一番大切だろうと思っていました。

プリキュアシリーズも２０１８年で15年目を迎えました。世間に認知されて、大人にタイトルを言ってもわかってもらえるようになりました。昨年（２０１７年）のプリキュアの声優さんから「子どものころ、プリキュアを見ていました」と言われました。「ついに来たか」と衝撃的でしたが、うれしかったですね。

女の子がりりしく、自分の足で地に立つということが一番だと思って、プリキュアを作ってきました。子どものときには、意味がわからなくてもいいんです。テレビで見ていた女の子が成長して、思い返したときに「こういう意味だったのか」と気づいてもらえれば。

まだまだ女性にとって厳しい社会ですよね。ハリウッドの「#ＭｅＴｏｏ」の動きを見ても、現場はきついんだな、と思います。アニメのようなファンタジーの世界で、「男性に頼らない女性」が主人公の物語が一般的なものになれば、実社会も変わってくれるのではないでしょうか。そう願っています。

（聞き手・鈴木康朗、２０１８年3月5日掲載）

きつい、汚い、危険。楽な仕事ではありません。

本村あゆみ（法医学者）

約３５０体の遺体を解剖します。私は月に５、６体を担当。腐敗臭がしたり、ウジがわいたりしていることも。亡くなった方の死因を明らかにし、生きている人に還元したいという思いで働いています。

もとむら・あゆみ／１９７８年６月、佐賀県生まれ。佐賀医科大学（現・佐賀大学）を経て、２００３年に大学医学部の附属病院救急部に入局。14年から千葉大学附属法医学教育研究センター助教、18年５月からは千葉大特任講師と、国際医療福祉大学医学部法医学講師を兼任する千葉大学附属法医学教育研究センター（現在は、国際医療福祉大学医学部と兼任）で法医学者として勤務しています。千葉大学では1年で約350体の遺体を解剖します。私は月に5、6体を担当。全身をくまなく見るので、飲まず食わずで一日中立ちっぱなし。検査画像を見ながら話し続けます。

虐待を受けていた1歳児の解剖は、いまも心に残っています。肋骨《ろっこつ》が浮き出て歯は真っ白。虫歯になるほどの食事もとれていなかったのかと思うとかわいそうでした。客観的な観察に集中するため、子どもの解剖では感情移入しないように努力しないといけません。

腐敗臭がしたり、ウジがわいたりしていることも。感染症のリスクもあります。きつい、汚い、危険。3Kの仕事とも言われ、楽な仕事ではありません。でも、亡くなった方の死因を明らかにし、生きている人に還元したいという思いで働いています。

小さいときは「将来はお嫁さんになる」と思っていました。父は警察官で、母は主婦。医者なんて考えたこともなくて。高校では生物が好きで、人の体のことが学べると思い、医大に進みました。「女の子が6年も大学に行くなんて」と言いながら許してくれた母が、いまでも一番支えてくれています。

小学5年生と2年生の娘がいます。2017年の初めに離婚しました。放課後に学童保育に預けている二人を迎えに行き、帰ってからご飯をつくる毎日。ボランティアの方に面倒を見ていただいたり、親が助けてくれたりするときもあります。

「仕事をすることはよいことなのか」――。子どもと接する時間がとれない時期に悩んだこともありました。でも、娘たちと暮らす道を選べたのも、仕事をして自立していたからだと思います。

娘たちにも仕事をしてほしいですね。押しつけたくはないですが、選択肢を増やして、自分にとって生きやすい環境を歩んでもらえたら。タフに生き抜いてほしいです。娘たち、そして同世代の女の子たちには、選べる道をたくさん広げて、楽しく生きてほしいと思います。

（聞き手・川嶋かえ、2017年10月12日掲載）

女子力をバージョンアップさせると妖力になります。

辛酸なめ子（コラムニスト）

妖力とは、直感力とか魔力。自分の必要なものを引き寄せ、思い通りにする力です。私も「妖力」を求めて修行中です。

しんさん・なめこ／1974年、東京都生まれ。漫画家、コラムニスト。女子学院中学・高校出身。著書に『女子の国はいつも内戦』『女子校育ち』など女子校に関するものも多い。最新著書は『ヌルラン』

小学生のころは、女子のヒエラルキーの下のほうにいました。分厚いめがねをかけて運動が苦手。男子の視線を意識して「プールで泳いでいるときの息継ぎの顔が気持ち悪がられているんじゃないか」と思い込み、泳ぐのも嫌でたまらなかった。

「見た目でジャッジされない社会に行きたい」と「プールのない女子校」を目指して必死に勉強。入学した女子学院中学・高校では、人気は見た目というよりも、リーダーシップや話の面白さで決まっていました。私もすっかり自由に振る舞うようになり、外見で悩むことはほとんどなくなりました。男子のいない世界では、女子は、本当に伸び伸びと、クリエイティブに生きられるんですよね。

中高生時代に「女子力」が育たず、若いころは「アクセサリーってなんのためにあるの」と思っているくらいでしたが、30代になると、オーガニックのコスメやマッサージ、まつげパーマといった美容関係に興味が出てきました。

化粧や服装が変わると、お店でも、仕事場でも扱いが変わるのに驚きました。今は「処世術」ではなく、素直に女性ならではの楽しみを味わえるようになりましたね。

トランプ米大統領の娘、イバンカさんのファッションは、適度にシェイプされていながら清楚《せいそ》さを残した絶妙なバランスで、「男性を喜ばせる装いや振る舞いが、女性の立場を高めていく」というメッセージを、自ら発信しているようにみえます。

「量産型女子」という言葉がありますが、今の女子たちは悪目立ちせずに、適度にかわいらしさを保ち、場に見合った清楚な振る舞いをすることが求められ続けています。男性からの視線を感じて、振る舞い続けるのは疲れますよね。

霊界には男女の区別がないといいますが、私は、人間も同じで、同じ人間の中に「男性性」と「女性性」が同時に存在していると感じています。「頑張りすぎると、ひげが生える」と言いますが、頭がボサボサでも気にもとめずに仕事に集中しているときは「男性性」が出ている気がします。

トークイベントやラジオ番組などで「好きな体位は?」とか、突然性的な話題をふられることもあります。変に恥ずかしがると相手の劣情を刺激してしまうので、自分の中の「男性性」を引き出してさらっと乗り切るようにしています。

「女性だから生きにくい」「つらい」と悩むより、時と場合によって「女性」と「男性」を縦横無尽《じゅうおうむじん》に行き来できるようになれば、ずいぶん生きやすくなるのではないでしょうか。

女子へのメッセージですね……。

「女子力をバージョンアップさせると妖力になります」でどうですか（笑）。

妖力とは、直感力とか魔力。自分の必要なものを引き寄せ、思い通りにする力です。コスメでもアロマでも、内面でも「男性にどう思われるか」ではなくて、自分が好きだと思うことを追求してほしい。出世や収入といった男性社会の力関係を超えたところで必要なものを引き寄せられる力が身についていくと信じています。かくいう私も「妖力」を求めて修行中です。

（聞き手・市川美亜子、2017年2月27日掲載）

私はいわば「ヤクザな女」でした。

若宮正子（デジタルクリエイター）

皆さんも、なるべく早く「自由に生きます宣言」をしちゃいましょう。いったんカタギの看板を下ろしてしまえば、呪縛から自由になれます。とっても楽ですよ。

わかみや・まさこ／1935年、東京都生まれ。東京教育大学附属高等学校（現・筑波大学附属高等学校）卒業後、三菱銀行（現・三菱UFJ銀行）に勤務。定年退職を前にパソコンを始め、2017年にひな人形を正しい位置に並べるゲームアプリ「hinadan」を開発。世界各国で話題に

「人生１００年」と言われるようになりました。変化が激しい時代に人生が長くなるのだから、かつては想像できなかったことが起こります。

定年退職を前にパソコンを始め、80歳を過ぎてゲームアプリを開発したことで、私の人生は「コペルニクス的転回」をしました。国内外のメディアで取り上げられ、アップル最高経営責任者のティム・クックさんにアメリカでのイベントに招待されたり、（２０１８年）２月初めにはデジタル技術と高齢者をテーマにした国連の会議で講演したり……。今日もここに来る前に韓国の新聞の取材を受けてきたんですよ。

親も自分もほかの誰だって、将来を正確に予想できません。人生の方向性はその時々で、自分の頭で考え、時流を読んでみきわめていくしかありません。

高校を出て大手銀行に就職しました。そのころお付き合いしていた男性とそのうち結婚して、仕事は辞めるんだろうな。ぼんやりとそう考えていました。当時はそれが普通でしたからね。ところが、その男性とはさまざまな事情が重なって離れ離れに。「結婚するなら彼」と思っていたので、「それなら無理に結婚しなくてもいいか」と。

昔の銀行ではお札は手で数えるもので、素早くこなせる人が「仕事ができる」と評価されました。不器用なのでこれが苦手で悩みましたが、やがて紙幣を数える機械が導入され、悩みから解放されました。

40歳を過ぎると、法人向けの新サービスを開発する部署へ。新しいアイデアを出して形にする仕事が気に入り、自主的にいろいろと勉強しました。男女雇用機会均等法の施行といった時流にも乗り、まだ珍しかった管理職に。結局、独身のまま定年まで勤めました。

昔は結婚しない人や子どもがいない人は「まともじゃない」という考え方が根強かった。私はいわば「ヤクザな女」でした。「売れ残り」とか言われたこともあったけれど、「カタギの世界も大変ね」と思いながら黙って受け流しました。周りのことはあまり気にしない性格なんです。そのうちに私自身ではなく、世の中の方が変わっていきました。

「女らしさ」「母親らしさ」といった女性の生き方を制約する呪縛は今でもあります。男性にしても「いい大学に入り、新卒で大企業に入るべきだ」とかね。

でも、以前よりは多様な生き方が認められやすくなってきています。やりたいことや興味があることに自分で制限を設けなくてもいい。皆さんも、なるべく早く「自由に生きます宣言」をしちゃいましょう。いったんカタギの看板を下ろしてしまえば、呪縛から自由になれます。とっても楽ですよ。

10年ほど前、かつて結婚を考えたあの男性から突然連絡があり、半世紀ぶりに再会しました。離れ離れになった後、彼は外国で暮らすように。今よりも海外がずっと遠かった時代。連絡は途絶えてしまっていました。

再会後は友人としてメールでやりとりをするようになりました。世界は本当に狭くなりましたね。フェイスブックでつながっている友達は、今1200人ほどいて、そのうち1割くらいは外国の方です。メッセージをいただいたら、日本語の文章を「グーグル翻訳」で自動で英文に直して返信することもあります。

人工知能の発達などの影響で、これからも激動の時代が続くでしょう。自分の人生を振り返ると歴史絵巻のようだと感じますが、この先どんなことが待っているのか。わくわくしますね。

（聞き手・庄司将晃、2018年3月3日掲載）

炎上を怖がって避けていたら、世の中は何も変えられない。

スプツニ子！（アーティスト）

炎上って悪くとらえがちだけど、たとえばマララさんやマーティン・ルーサー・キングは、言ってみれば炎上したわけですよ。

すぷつにこ／１９８５年、東京都生まれ。男性が生理を疑似体験する装置などで学生時代から注目される。マサチューセッツ工科大学助教を経て、２０１７年から東大ＲＣＡ―ＩＩＳデザインラボ特任准教授。著書に『はみだす力』

ひとの期待に応えない「サーフィン力」が、大事だと思っているんです。

勉強頑張ろうとか優等生でいようとか、女性は期待に応えようとする気持ちが男性より強い。仕事も、社会的な期待も。キャリアウーマンはこうじゃなきゃ、お母さんはこう、アラサーはこうとか、直接言われなくても敏感に感じ取って自分に課して、自分で苦しくなることもある。

本当に面白い仕事は、ひとの期待に応えているだけではできないと思うんです。だから「スプさんこれやって」って言われても、やらなくていいかなと思ったら「あー、今なんて言ってたっけ？」みたいに、いい感じでスルーする。それが私の思うサーフィン力です。

日本のお母さんたちが、インスタグラムでお弁当自慢合戦を繰り広げてますよね。すっごく働いているキャリア女子がやったりして。愛情を注ぐことは素晴らしいけど、それで自分が苦しくなっちゃいけない。すべてを完璧にしなくてもいいんじゃないかな。

サーフィン力のお手本は両親です。日本の小学校って母親たちにミッションを課すでしょう、持ち物にワッペンを縫い付けろとか、ぞうきんに子どもの名前を刺繍《ししゅう》しろとか。大学教員として働いていた英国人の母は「やらなくていいんじゃない？」っていうスタンスでした。ぞうきんに刺繍がなくても、私は学級委員もやって、成績もいい感じに無事卒業しました（笑）。

自分が気持ちいいことと、期待に応えている自分を気持ちよく感じることは違います。何かやりたいことが出てきたら、この二つのうち、どっちが何パーセントあるかなって考える。繰り返すうちに、自分が気持ちいいことを見つけやすくなる。難しいですけどね。やっぱり人によく見られたいし。バランスが大事だと思います。

２０１７年の秋から東京大学の特任准教授になって、アメリカのボストンから拠点を移しました。最近は「まったく期待に応えない」ことをモットーに制作と研究をしています。その方がやりたいことが明確になって仕事もはかどり、結果、期待に応えられることもある。

残念なのは、大学の教員で集まった会議や宴会の女性比率がものすごく低いこと。

見渡す限り日本人の男性しかいなくて、「私、ここにいて大丈夫?」と思うことも。大学教員や企業の管理職の女性の少なさは、優秀な女子学生たちを心細くさせています。なるべく率先して、研究だけでなく、彼女たちのプライベートの相談にものるようにしています。

最近の作品では、自分より若い女性のキャラクターが主人公として登場します。以前は私が主人公を演じていたのですが、別のキャラを演じることが増えました。

私にとって作品はある種のセルフポートレートというか、自分の葛藤や衝動の歴史が入り交じっているので、何とも言えないのですが。私がずっと主人公のオタク女子を演じ続けても、「美術館に自作の展示もして、女性誌の大きな賞もいただいているのに何を小心者オタクぶってるんだ」って突っ込まれそうだからかな(笑)。自分のアート作品をロジカルに説明するのは難しいんですけど。

もともと人前で話すのがあまり好きでないし、友達をつくるのも不得意。プログラミング好きでコンピューターが親友みたいな感じ。好きな男の子ができても、ただただ遠くから見つめている子でした。そんな自分の葛藤や鬱屈《うっくつ》した気持ちを音楽にし始めたころに心の支えだったのが、女性アーティストたちでした。ローリー・アンダーソン、ミランダ・ジュライ、ソフィア・コッポラ、キム・ゴードン。文化活動だけでなく社会的な発言も積極的で、キラキラとカッコいい生き方をしている大人の女性に憧れて、少しでも近づけるようにって頑張ったんですよね。

今ってネットのおかげで、面白くて独創的で、女性、男性の型にもはまらず、力強く生きている女性たちとつながるチャンスがたくさんある。インスタグラムやツイッターで、日々の思いや考えていることにも触れられる。そういうすごくすてきなツールを、女の子たちに活用してほしいです。もし私が中学生のときにソフィア・コッポラのインスタをフォローできていたら、どれだけ毎日見ていたことか。

ネットにはネガティブな側面もあります。女性や外国人に対する差別など、自分より弱いものに憎悪の感情を向ける負のエネルギーが渦巻いている。私も攻撃されることがあります。女の子たちが現実世界もそうだと勘違いする危険は気がかりです。もしこのインタビューを10代の女の子が見てくれていたら、ネットで渦巻く憎悪は現実とは違う、そこでめげないで、って伝えたい。

女の子向けの炎上マニュアルつくりたいな。炎上って悪くとらえがちだけど、たとえば（史上最年少のノーベル平和賞受賞者の）マララ（・ユスフザイ）さんや（公民権運動の指導者）マーティン・ルーサー・キング（牧師）は、言ってみれば炎上したわけですよ。炎上を怖がって避けていたら、世の中はきっと何も変えられない。ネット空間はとくに。

歴史をたどりながら現代の炎上という現象を解説するマニュアル、道徳の時間とかに読んでほしい。「13歳のための炎上マニュアル」、どうですか。出版に協力してくださる方がいたら、私、書きます！

（聞き手・冨岡史穂、２０１８年3月8日掲載）

流行に合わせて着飾っている私は自分ではないと思った。

ニューヨークで気づいたのは、「自分」がないと何も変わらないということ。帰国後、「今できることをしよう」と決意しました。

佐久間由衣（俳優）

さくま・ゆい／1995年、神奈川県生まれ。2013年、雑誌『ViVi』専属モデル公開オーディションでグランプリを受賞し、17年5月号まで専属モデルを務めた。同年、俳優としてNHK連続テレビ小説「ひよっこ」で注目を集め、その後も数々のドラマに出演。19年も映画「あの日のオルガン」（2月22日）、初主演映画「〃隠れビッチ〃やってました。」（冬予定）と公開作が続く

〈日本中の、いや世界中の女の子たち。女性たち。いろいろ大変だよね、女として生きていくのは。でも、でも、女の子の未来は私にまかせて〉

NHK連続テレビ小説「ひよっこ」で演じた主人公の親友、時子のセリフ、緊張しました。時子としては、高身長で苦労したことや登場する女性たちの状況を想像しました。私としては、応援してくれる人や一緒に過ごした有村架純ちゃんたちを思い、言葉にのせました。本当に思っていなければ言葉にできない、最強のセリフですよね。

中学生のとき、バスケットボール部の同級生の女の子と初めてけんかをしたんです。泣きながら帰宅すると、母は「やりたいなら、ぶつかってでもやりなさい」。初めて人に意見をしたことと、好きなことを見つけた自分の熱量に、驚きました。

高校では遊ぶことが最優先。両親とけんかが増えて「自分ってなんだろう」と思うようになった。そのころ、太宰治の『パンドラの匣《はこ》』を読んで衝撃を受けました。読書は自分と向き合わざるをえない。流行に合わせて着飾っている私は自分ではないと思って、すべてやめました。みえもあったんだろうな。

卒業後はアルバイトをしてニューヨークに１カ月留学しました。そこで気づいたのは、「自分」がないと何も変わらないということ。帰国後、「今できることをしよう」と決意し、つかんだのが雑誌のモデルの仕事です。プライドを捨てて仕事をするうち、お芝居をしたいという思いに気づきました。

「ひよっこ」では、時子が実家に手紙を送る場面や友人にサインを渡す場面で、「自分で書きたい」と希望を伝えさせてもらいました。先輩方はたくさんアイデアを出され、それを「いいね」と言ってくれるチーム。私も挑戦したいと思いました。

踏み入れてみないとわからないことってあります。自分で道を諦めないで、したいことを貫く勇気を持ってほしいです。ネット上のやりとりで一喜一憂することや、本音で話せない環境も多い。でも相手の思っていることは聞かないとわからないし、こっちの思いは言わないと伝わらない。「やるぞ」という情熱と自信を持ち続けて。それは、私自身へのメッセージでもあります。

（聞き手・円山史、２０１７年10月６日掲載）

人生の軸になりそうなものと出合えたら、やり続けることが大事。

伊達公子（テニスプレイヤー）

若い人には、いろんなことにトライしてほしい。そこから見えてくることが、たくさんあると思います。

だて・きみこ／1970年、京都府生まれ。高校卒業後、プロに転向、世界ランキング4位を記録、96年引退。2008年復帰し、同年「全日本選手権シングルス・ダブルス」を制覇した。その後、世界ツアーへ挑戦の場を移し、09年には「WTAツアーハンソルオープン」にて優勝した。17年9月に二度目の引退幼いころは早く結婚し、子どもを産むことが女性の幸せだと思っていました。テニスのキャリアをひたすら追求する必要はないとも考えていました。

その考えが変わるのは引退後です。ドイツ出身の元夫と二人で外出したとき、私が何げなく彼の後ろをついて歩いていると、よく言われました。

「なんでいつも僕の後ろを歩くの？　どうして並んで歩かないの？」

前や横を歩くのはズケズケしているような気がして、後ろを歩くのが自分にとっては自然でした。ですが、相手より一歩下がる自分を指摘されたことで、当たり前と思っていたことを見つめ直すようになりました。

そのうち、「女性はこうあるべきだ」という固定観念がリセットされて、代わりに「自分」として生きることの心地よさが生まれていきました。今主張するべきことはして、無理なく自分を生きていると思います。若い人には、いろんなことにトライしてほしい。自分の人生の軸になりそうなものと出合えたら、やり続けることが大事です。そこから見えてくることが、たくさんあると思います。

（聞き手・錦光山雅子、２０１７年3月3日掲載）

第3章
人にも自分にも優しく

打ちのめされたね。まさか種なしだったなんて。

ダイアモンド✡ユカイ(ロック歌手)

男性の100人に1人が無精子症だって知っている?
不妊の原因の半分は男なんだぜ。それがわかっていない人が
どれだけ多くて、女性に負担をかけていることか。

だいあもんど・ゆかい/1962年、東京生まれ。1986年にロックバンド「レッドウォーリアーズ」のボーカルとしてデビュー。2010年に無精子症の治療をして女児を授かる。11年には双子も誕生し、現在は三児の父親。18年に「ベスト・ファーザーイエローリボン賞」を受賞した

小学校2年の娘が、こないだ妻と言い争いをしてたんだ。白くてかわいいバッグを持たせようとしている妻に娘が言った。「かわいいのは好きじゃない。かっこいいのが好きなんだ」

いいじゃない、いいじゃない。女の子だからかわいいものって決まりはない。娘はワイルドなんだよな。自分の意志をしっかり持っていて、たくましい。これから大変だなあって少しは思ったけれど、俺はうれしかったね。

その娘は、不妊治療の末に授かったんだ。子どもがほしいと思って結婚したけどなかなかうまくいかない。妻の付き添いのつもりで病院に行ったら、妻は問題なくて、俺に原因があることがわかった。無精子症だった。

打ちのめされたね。ロックンローラーで売ってきた俺が、まさか種なしだったなんて。男であることを否定されたようで、情けなくて悔しくて……。

でも、可能性はあったんだ。俺の場合、精子をつくる機能は大丈夫で、輸送路である精管に問題があった。手術で睾丸《こうがん》を切って、精巣から直接精子を取り出すことができたんだよ。そして何回か顕微受精を試みて、ようやく命を授かることができた。

男性の100人に1人が無精子症だって知っている？　決して少ない数字じゃないでしょう。不妊の原因の半分は男なんだぜ。それがわかっていない人がどれだけ多くて、女性に負担をかけていることか。

俺も前は無知だった。だから一人でも多くの人にそのことを知ってほしいと思って本も書いたし、女性の命と健康を守るホワイトリボンの活動にも参加している。子どもを産むって大変なことなんだ。俺は代わってあげたいなあと思うことがあるけど、絶対にできない。負担を女性にだけ押しつけて、知らないふりは絶対によくないよな。

亡き両親には感謝しているんだ。両親はまじめな公務員で俺はひとりっ子だった。二人とも俺を安定した仕事に就かせたいと思ってたけれど、俺はそうはならなかった。心配だったと思うよ。いつも両親とはぶつかってきた。でも根本のところでは肯定して、応援してくれていたと思うんだ。

女の子も男の子も関係ない。自分が好きなことを見つけてほしい。好きなことをしている人生って、楽しいじゃないか。そんなこと言っていて、俺も大学を中退する最後まで、ずっと悩んでいた。両親は音楽の道に反対だし、俺は不器用で、バイトはしょっちゅうクビになる。何が俺にできるんだろうっていつも不安だった。でも、この道で生きていこうと決めてからは、信念を貫いてきた。

我が子が芸能界に行きたいといったらどうするかって？　正直な話、それは賛成しないよ。努力だけじゃどうにもならない世界。成功の保証はないし、なにより運と縁が必要だからさ。ＤＮＡは引き継げても、それは引き継げないだろ。それでも、本当にやりたいと子どもが望むなら、応援するだろうな。可能性はどこにだって開けている。好きなことを貫けば、どんなつらいことがあったときも前に進めるからね。

（聞き手・斎藤健一郎、２０１８年3月8日掲載）

女性の格好をして、女性として扱われると、不安が消えていく。

不安の最大の根源は、自分の中の女性性を抑圧していたことだったんです。それから、絵を描いたり音楽を作ったり、芸術表現を楽しむように。男性を演じていたときは「どうせ無理」と抑圧していたんです。

安冨 歩（大学教授）

やすとみ・あゆみ／1963年、大阪府生まれ。京都大学経済学部を卒業後、大手銀行に2年間勤務。97年、博士号（経済学）取得。東京大学大学院総合文化研究科助教授を経て、2009年に同大東洋文化研究所教授。14年から女性装を始める。著書に『ありのままの私』『マイケル・ジャクソンの思想』など

学生時代はむしろもさかったのでそうでもなかったのですが、25歳あたりから急にモテ始めたんですよ。「あれ？　私かっこよくなったのかな」と思ったら、大間違い。女性は25歳を過ぎると、男を選ぶ基準が変わる。それまではかっこいい男を求めていたのが、社会的地位や生涯賃金を計算するようになり、条件に走るんです。

でも、幸福って、「手に入れるもの」じゃなくて、「感じる」ものなんですよ。背が高くて、学歴が高くて、所得が高い人と結婚すれば幸福になれるわけじゃないんです。「京大卒の東大教授」をつかんだ元妻は、生活の場では明らかに私のことを嫌っていました。彼女は30代のときに、「(ブラウン管の)テレビのスイッチを切ったときに画面がシュンと消えていくみたいに自分の人生がなってる気がする」と言ってました。

好きでもない人と結婚して不安や苦痛を感じるような人生なんて、意味がないです。本当に好きな人と、ともに幸福を感じられる人と家族になってください。そのためには、自分が幸福かどうかを正確に感じられる人間になることです。「感じる」ということはとても大切ですが、それは簡単なことではありません。

嫌なことを我慢して自分を抑え込んでいると、確かに痛みを感じなくなりますが、同時に喜びも感じなくなります。私がそうでした。

物心がついたころから生きているのが苦しくて、いつも鉛色の空のような気分だった。小学生のころから通知表はほぼオール5でしたが、母は「ふーん」。そして、般若面のような顔で「もっといい子にしてたら、何でもしてあげるのに」って言うんですよ。衝撃的に覚えてますね。

自分の感受性を押し殺し、親が望むような右肩上がりの成功を続けないと、愛情を与えてもらえないんだという恐怖。生存切符を毎日発行してもらっているような日々でした。

母の思惑通り、わたしは京都大学へ進学し、大手銀行を経て研究の道に進み、大学教授になりました。「エリート」の完成です。でも、幸福とはほど遠く、中高生のころはいつも自殺衝動と無差別殺人の衝動と闘っていました。大事件が報道されるたびに、「ああ、よかった。あんなことせずに済んで」と思っています。

母は自分が女であることを忌み嫌っている人でした。親の大反対を押し切り、夜間の教育大学へ行って教師の資格を取得。でも、同じく教師の父と結婚した後、死産を経験して、辞めざるを得なかったそうです。女の自分は、社会で自己実現ができない。その絶望感が、息子に向かったのだと思います。

若い女性たちには将来、「子どものためを思って」というもっともな言い訳をして、自分の虚栄心を満たすために子どもを抑圧するような親には、決してならないでもらいたい。子どもは、そこにいるだけでいい存在だと受け入れてもらわないと、健全に育たない。たとえ、表面的にはエリートになったとしても、幸福を感じられる大人にはなれないんです。

そのためには、親自身が、自分の人生を全うする必要があります。それはとても怖くて大変なことですが、自分自身が偽りの人生を生きながら、子どもを愛そうとしても、それは無理な相談なのです。

そのことに気づいたのは3年前、50歳になってから。女性装を始めたことが転機になりました。女性の格好をして、女性として扱われると、不安が消えていく。私の不安の最大の根源は、自分の中の女性性を抑圧していたことだったんです。それから、絵を描いたり音楽を作ったり、芸術表現を楽しむように。ずっとそうしたい思いを持っていたのに、男性を演じていたときは「どうせ無理」と抑圧していたんです。

日本は先進国として信じられないほど男女差別が根強い社会です。世界各国の男女平等の度合いを指数化した世界経済フォーラム（ＷＥＦ）の「ジェンダーギャップ指数」で日本は１１１位（２０１６年）。悲惨な状況です。

東京大学が女子学生向けの家賃補助制度を始めることが話題になりましたが、それだけで女子学生が増えると思います？　彼女たちが東大に来ないのは、東大に入っても幸せになれないから。青春を犠牲にして猛勉強して、男性たちと同じレースに参加しても、いまだに上場企業の女性役員は数えるほどしかいない。東大教授の女性比率は２０００年の１パーセントから飛躍的に伸びたけど、それでも６パーセント。これって世界のトップクラスの大学と比べて絶望的な数字です。だったら、もっと結婚しやすい、ほどほどの大学に行こうと思うのも無理ないですよね。

日本のあるNPOがルワンダの女子中学生に生理用ナプキンを配る活動を展開しています。それは素晴らしいことですが、ルワンダはジェンダーギャップ指数が5位。どちらが支援を受けるべき国なのでしょうか。

現代の経済の競争力の核心は、技術や知識ではなく、感性にあります。何も感じないエリート男性たちが、陣取りゲームをやって必死で働けば儲かった時代はとっくの昔に終わっている。

この国の感受性を守り、創造性を回復することができるのは女性たちです。日本の女性は男性よりもシステムに組み込まれずに生きることが容易なのです。それゆえ、自分自身の感受性を守り、何が好きで、何が嫌いか、を判定する能力を保持している人が多いと私は感じています。

女性たちが自らの感覚を信じ、自分自身の能力に怯えなくなったとき、日本は衰退を脱し、ジェンダーギャップ指数も改善に向かうはずです。

（聞き手・杉山麻里子、2017年3月8日掲載）

女の子も仮面ライダーになっていいんだよ!!

男性が狩りに出て、女性が家事をしていた時代と違って、ぼくたちの時代で、男の子にはできて、女の子にできないことなんて、もう、何もありません。

春名風花（声優・俳優）

はるな・ふうか／2001年、神奈川県生まれ。「はるかぜちゃん」の愛称で知られ、舞台やツイッターなど幅広い場で表現活動を行う。おもな著書に『少女と傷とあったためミルク』、絵本『いじめているきみへ』（文・春名風花、絵・みきぐち）などがあるぼくは、自分のことを「ぼく」と呼んでいます。小学生のころから今まで、学校や家でも、自然にそう言っています。誤解されることがありますが、男の子になりたいわけではありません。

女性が使う一人称は「わたし」だけど、ちょっと堅苦しくて、しっくりこない。名前を一人称に使う人もいるけど、少し幼く感じる。男性は時と場合に応じて「オレ」や「ぼく」、「わたし」も使えてうらやましい。どうして女性には普通の一人称がないんだろう。女の子だって、改まるでも、こびるでもない、人と対等に話せる一人称が欲しいのに……。

そう！　確かきっかけは、大好きなアニメ「少女革命ウテナ」の主人公「ウテナ」が自分のことを「ぼく」と呼んでいたことでした。ピンクの長い髪に学ラン姿。大切な友達を守るために闘い、強くなりたいと願うウテナは、りりしくて、かっこいい、ぼくのあこがれです。

ウテナを演じていた声優の川上とも子さん（故人）は、オーディションのとき、ほかの声優さんが皆、ボーイッシュな声でウテナを演じるなかで、自然に女の子の声をあてたといいます。ぼくは、その話にとても感動しました。

ぼくは、男の子に選ばれて、守られる女の子じゃなくて、「りりしい女の子」でありたい。そして、自分の足で生き、大切な友達をいじめや、いろいろなものから守れる女性になれたらいいなと思います。

「女の子らしさ」って、知らず知らずのうちにかけられている「呪い」なのかもしれません。

少し前（取材時）に、「仮面ライダーゴースト」のベルトを買ってほしいと泣く女の子の動画が話題を呼びました。「○○は女の子だから、買いません」と諭すお母さんに、悪気は全然ない。でも、きっと、お母さん自身が「女の子らしく」と言われて育ったのだろうなと思いました。お母さんのお母さん、そのお母さんから、脈々と受け継がれてきたのかもしれないと。

ぼくは動画を見たとき、あの子のところに飛んで行って、「女の子も仮面ライダーになっていいんだよ!!」って言いたくて、たまりませんでした。

女の子のおもちゃといえば、プリンセスのメイクセットや、おままごとセットなど、着飾ったり、赤ちゃんのお世話をしたりするものが多い。そんなおもちゃで遊んで育ったら、おしゃれに気をつかえて、家事が得意なお母さんになれるかもしれません。でも、今、そんな枠にはめこむ必要はあるのでしょうか。

身体の大きな男性が狩りに出て、女性が家事をしていた時代と違って、ぼくたちの時代で、男の子にはできて、女の子にできないことなんて、もう、何もありません。

仮面ライダーが大好きな女の子も、長い髪の男の子も、自分のことをぼくと呼ぶぼくも、もっと自由に生きていい。子どもには、誰かが決めた男の子らしさや女の子らしさではなく、まだ誰も見たことのない新しい道を、自分らしく進む権利があるのです。

「あの子は、なぜ違うの？」と不思議に思ったら、「なんでそうなの？」って聞いてほしい。聞かれたら、こう答えればいい。

「これが、わたしらしさ、だよ」

押しつぶされることも、染まることもなく、ただ、自分の思うことを聞き、話す。みんなの声が積み重なれば、少しずつ社会は前に進んでいける。きっと、何にだってなれるよ！

（聞き手・市川美亜子、2017年3月8日掲載）

びっくりしたのは、部長会議で私以外はみんな男性だったことです。

末松則子（鈴鹿市長）

歩道について「親子が手をつないで歩けない道幅はあり得ない」と言っても「規則上は問題ない」という答えが返ってきました。

すえまつ・のりこ／1970年、東京都生まれ。短大卒業後、造園会社に勤めた。退職後に長男と長女を出産。学習教材の会社や工場でアルバイトをしながら子育てし、2003年に三重県議に初当選。県議2期を経て、11年に鈴鹿市長に。現在2期目。父は三重県議の故・末松充生氏

子育てしながら働く中で、多くの女性の声を聞いていて「女性だからこそできることがあるはず」と県議になりました。8年間活動したのですが、待機児童やひとり親家庭支援など多くの問題が置き去りにされたままだと気づきました。

「市民生活はこんなに変わっていなかったのか」とショックを受け、政策を実現する立場にならなきゃ現実を変えられない、と市長選出馬を決意しました。

ただ、最初は迷いもありました。当時、子どもは中学生と高校生でした。平日はほぼ拘束されるので、進路面談など学校の行事に予定を合わせるのが大変でした。予定の調整をお願いしていくうちに少しずつ理解してもらえるようになりました。子どもにとって母親は一人。家事は同居の母に任せることも多いですが、子どもの人生に関わることは親にしかできないと考えています。

県議時代は女性に対する偏見を強く感じました。街頭演説中に「こんな小娘が」などと言われたり、靴を突然投げつけられたり。宴席で体を触られるのも日常茶飯事でした。

市長になってびっくりしたのは、部長会議で私以外はみんな男性だったことです。全くもって話が通じませんでした。歩道について「親子が手をつないで歩けない道幅はあり得ない」と言っても「規則上は問題ない」という答えが返ってきました。各部の主管課長に複数の女性職員を配置し、女性の意見をすくい上げられるようにしました。

大企業では女性を働きやすくする制度ができてきましたが、中小企業ではまだまだです。行政側からサポートしていくことが必要です。女性にとって働きやすい環境を作ることは、地域社会の持続と活性化につながっていきます。

女性の政治参加についてもさらに進めていく必要があります。女性を一定割合以上にするクオータ制など制度面の整備は欠かせませんが、そもそも選挙は地盤もお金もない女性にとっては非常にハードルが高いものです。さらに子育てから介護まで家庭の問題が一手に降りかかってきます。

周りの協力を得るのはもちろん、たとえば選挙活動中に保育所を利用して子どもを預けていただくなど、行政のサポートも重要だと考えています。

二者択一ではなく、両立できるように社会が支えることで女性の政治家がどんどん出てきてほしいと思います。

（聞き手・小川尭洋、2017年3月31日掲載）

たとえ傷ついても心をぱかっと開いて「まんまの自分」で。

気づけたのは、人を愛する気持ち、そばで支えてくれる人がいるだけで幸せという気持ちは、役も自分も何ら変わらない。

桐谷健太（俳優）

きりたに・けんた／1980年、大阪府生まれ。2002年に俳優としてデビューし、ドラマ「ROOKIES」で注目される。15年から始まったauのCM「三太郎シリーズ」の浦島太郎役で人気を集め、CMオリジナル曲「海の声」「お家をつくろう」もリリース。18年10月からNHK連続テレビ小説「まんぷく」に出演

37年間生きてきた者として言えるのは、目の前のことを遊び心を持って全力でやれば、何かにつながったり、想像もしないような未来に出合えたりするかもしれない、ということ。

楽しいことも苦しいこともあるだろうけど、「今日の空は明日にはない」。そう思って、毎日をかみしめながら生きていけたら、すごくすてきだと思うんですよね。

5歳くらいからずっと役者になりたいと思っていました。なのに、すごくシャイで緊張しいで。保育園の劇でライオンの役をやったとき、長いたてがみで顔を隠すくらい。人を笑かして目立つのがめっちゃ好きやのに、同じくらい人前に立つことへの恐怖を感じてたんですよね。

諦めようとしても諦められない夢。だから、20代のころは「名前売ったる」「目立ったる」って、がむしゃらでした。毎晩飲んで、役をプライベートまで引きずって、それが男らしくてかっこええんやって。でも、傷つくのを恐れて心を固くしてたら、楽しさをまったく感じなくなってしまった。

だったら、たとえ傷ついても心をぱかっと開いて「まんまの自分」でいたほうがいい、小さなことでも喜びとか悲しみを感じられるほうが幸せや、って気づいたんです。

今は、目標を作らないようにしています。「この的に当てるんや」とそれだけ必死にやってると、外したら失敗と感じ、他の的に偶然当たってもそれを喜べない。そこが人生の面白いとこやったりするのに。それに、目標を決めてしまうと、それが自分の一番上にあるものだと思い込んじゃう。ほんまはそれ以上行ける実力があるかもしれないのに、限界を決めてしまうような気がして。

うまくやろうとか褒められようとか考えず、今あるものを愛して全力でやる。そうしたら、自然と次につながったり、予想もしないような話が来たりするようになりました。

「海の声」も、趣味で始めた三線《さんしん》がきっかけで、「(CMの役の)浦ちゃんに浜辺で歌ってもらいたい」ってなって。大切なものを思いながら、とにかく思いっきり気持ちよく歌おう、だれかの心に届けたいという思いで歌いました。まさか浦島太郎の役をやるとは思ってなかったし、まさか紅白（歌合戦）に出るなんて思わなかったし。目標に掲げてなかったから、欲がなかったから、透明な気持ちでやれたんだと思います。

明るくて元気で熱くて、というイメージがあると思うんですが、当たり前やけどほんまはいろんな面もあるし、「男だからこうあるべき」「女だからこうあるべき」みたいな決めつけも自分の中にない。

映画「彼らが本気で編むときは、」（2017年公開）で、トランスジェンダーの女性の恋人役をやってるんですが、もともとトランスジェンダーやゲイの人が周りにたくさんいて。役が決まってから、仲のいいトランスジェンダーの友達に電話して、話を聞きました。

気づけたのは、人を愛する気持ち、そばで支えてくれる人がいるだけで幸せという気持ちは、役も自分も何ら変わらないんだな、と。そこが演じる上で核になりました。

子どものころに感じていた緊張感は、きっと今もある。でもそれを凌駕《りょうが》するくらいの努力だったり、確信だったり、直感で動くことだったり、緊張を乗り越えたところに何かがあるということを見つけられた経験だったり。そういう経験を重ねて強くなっていった部分があると思います。

（聞き手・杉山麻里子、２０１７年2月25日掲載）

「仕方がない」と諦めず、違和感を持ち続けてほしい。

東 小雪（LGBTアクティビスト）

女性が働きづらいのも、同性婚ができないのも、性被害にあうのも、仕方がないことではないのだから。声を上げられるときには上げていい。

ひがし・こゆき／1985年、石川県生まれ。元タカラジェンヌ。LGBTアクティビスト。東京ディズニーシーで初の同性結婚式を挙げ、日本初の同性パートナーシップ証明書を取得。LGBT・女性の生き方・自殺対策など講演や企画研修を行う。著書に『なかったことにしたくない　実父から性虐待を受けた私の告白』など多数私が育った土地では、冠婚葬祭で親戚が集まると女性だけが立ち働き、男性は動かないのが当たり前。「なんで？」と思っても疑問を口にすることはありませんでした。それが当たり前、という空気だったから。

女の子は結婚して子どもを産む――。それしか無いと思っていました。

高校2年生で自分がレズビアンだと気づいて、「結婚もできないし子どもも持てない。親不孝だ」と思ったのを鮮明に覚えています。ＬＧＢＴの活動をするようになってフェミニズムに出合い、「男の人も女の人も平等なんだ。世の中には女性差別があるんだ」と知りました。差別のある環境で育ったのに、染みついていたからわからなかったのです。学ぶ中で言葉を見つけたことが、生きる力になったと思います。

私は2013年にパートナーと結婚式をあげました（その後、2017年末にパートナーシップ解消）。レズビアンであることをカミングアウトする前は、セクハラは日常茶飯事。嫌だなぁと思っても仕事だから苦笑いしてやり過ごしていました。パートナーと会社を立ち上げたのも、セクハラにあいたくないから、と言っても過言ではありませんでした。

カミングアウトしていない友達は、いまでもそういう発言に傷ついています。女性としてセクハラにあうし、レズビアンとして「ホモネタ」のハラスメントにもあう。二重の生きづらさがあると思います。それでも、LGBTを取り巻く環境はこの5年ほどで大きく変わりました。それに比べて女性を取り巻く環境は、どうでしょう。ジェンダーギャップ指数も依然、低いままです。

女性には「結婚しなきゃ」とか「子どもを産まなきゃ」といったような縛りがたくさんあるように思います。異性愛の女性から「レズビアンカップルは自由でいいね」と言われることさえもあります。結婚も出産も含めて、多様な生き方があることを知ってもらえたらなと思います。

本を読んだりつらいことを経験したりする中で「もやもやの答えはここにあったんだ」と感じ、生きやすくなってきました。だから、もやもやを感じている女の子たちも「仕方がない」と諦めず、違和感を持ち続けてほしいです。

女性が働きづらいのも、同性婚ができないのも、性被害にあうのも、仕方がないことではないのだから。

社会は必ずよくなっていくと信じています。でも、今はまだ、普通に生きていきたいと思ったら闘わないといけない環境があるのは事実です。いつも全力で闘わなくてもいいから、声を上げられるときには上げてほしい。諦めないことが大事だと思います。

私は小さいころ、父親から性虐待を受けていました。でも記憶にふたをしていたので覚えていなかった。23歳から24歳ごろは、うつで苦しみました。動悸《どうき》がしたり悪夢を見たりして眠れない日々が続くのに、理由がわからない。お薬を飲むとますます精神状態が悪くなるので、本当につらかったですね。周囲は「死なないで」と言うけど、「1分1秒、生きているのがこんなにつらいのに、どうやって生きればいいの?」と感じていました。

カウンセリングを受け、性虐待にあっていた記憶を取り戻しました。パートナーに支えられて治療を受け、カオスのような日々から回復して、今は生きていて幸せです。今、苦しんでいる人は、どんなに絶望的な状況であっても、死なないでほしいです。

2014年に実名で性被害を告白した本を出しました。反響はすごかったです。講演に行くと「私も被害を受けていた」とか「あれは性被害だと言っていいんだ」という方がたくさんいらっしゃる。

性暴力は、被害者の生きる力さえ奪ってしまう暴力なので、被害者が訴えていくのはすごく大変なことです。さらに、男性中心社会の中でタブー視されがちです。実際に被害がたくさん起こっていることを知ってもらわないと、社会は変わらないと思うし、被害者には「あなたは決して悪くないよ」と伝えたいです。

（聞き手・山本奈朱香、2017年3月4日掲載）

多様性を尊重する世界観にあふれているのが、ムーミン谷のお話です。

森下圭子（翻訳家）

みんな完璧ではなくてどこか欠けているけれど、未熟な自分を受け入れ、人生を全うしようとしています。

もりした・けいこ／1969年、三重県生まれ、ヘルシンキ在住。日本大学藝術学部卒業後、94年にフィンランドへ渡り、ヘルシンキ大学で舞台芸術などを学ぶ。おもな著書に『フィンランドのおじさんになる方法。』、訳書に「ミイのおはなしえほん」シリーズなど。映画「かもめ食堂」（2006年公開）のアソシエイトプロデューサーも務めた

フィンランドは、森と湖の国です。とくに森はフィンランド人の生活の一部で、季節を問わずよく森に出かけます。とくに目的やゴールが決まっているわけではなく、虫を捕まえる人もいれば、鳥を観察したり、草花の香りを楽しんだりする人も。森を歩くと、人って好きなものが全然違うんだなとあらためて気づかされます。私は木が好きですね。木々は皆まっすぐ空に向かって伸びていくつもりで、ところが周りの環境に影響されて、徐々にねじれたり曲がったりしていく。でもそれが、それぞれ個性的で美しいんです。

そんな多様性を尊重する世界観にあふれているのが、ムーミン谷のお話です。登場するキャラはいろいろな見た目をしていて、何の生き物なのかもよくわからない。でも自由に、お互いを尊重し合いながら助け合って生きていく。みんな完璧ではなくてどこか欠けているけれど、未熟な自分をありのまま受け入れ、人生を全うしようとしています。

日本では「模範的なよい大人になれ」というプレッシャーがありますが、あいまいな「よい大人」よりも、自分らしく生きている人の方が魅力的だとフィンランドに来て実感しました。たとえば、ある地元食堂では常連さんでなくても、工事現場の作業着でやってきた人がお腹を空かせてそうだなと思ったら、さっとじゃがいもの量を増やしたりするんです。また限定販売のグッズを求めて夜中に長蛇の列ができたときは、店の責任者が、歩行困難なおじいさんやベビーカーに小さな子どもを乗せて並んでいる人を見つけて、彼らを優先的に案内しました。

そしてどちらのケースも、それについて怒る人を見かけないどころか、逆に「あぁよかったね」っていう空気で。満腹も困難の度合いも、人によって尺度は違う。そういうことがわかっているのかな。私が3時間列に並ぶのと、歩行器のおじいさんが3時間立っているのは全然違いますもんね。

とはいえ、だれかが文句を言ってもおかしくない状況ではあります。責任はともなうけど、でも自分はこれでいいと思うから、そうする。紋切り型の対応ではなく、それぞれの良識で判断しているんです。実は責任を取るって、自分が納得していれば、気持ちよく取れるものなのかもしれません。

ムーミンの原作を初めて読んだのは小学生のときでしたが、大学卒業前に偶然読み直して衝撃を受けました。こんなにも自由で多様性に満ちた世界があったんだと。

内定が出ていた就職先を断り、ムーミンと作者ヤンソンの研究をするため、単身ヘルシンキ大学に留学しました。フィンランドは初めてでしたが、「合わなかったら、2週間で戻ってくればいいや」と。自分でためた資金だったので、責任は自分にある。迷いはありませんでした。

ただ当初は今のように自由に生きられず、苦しい時期もありました。環境になじめなかったり、研究がうまくいかなかったり。そんなときにヒントになったのがヤンソンの生き方でした。

芸術家の両親のもとに生まれたヤンソンは小さなころからもの作りが大好きでした。児童文学作家だけでなく、画家、小説家、作詞家……などさまざまな職業を渡り歩きます。ムーミンの大ヒットで疲弊しながらも亡くなる直前まで創作を続けたそうです。70年以上にわたって創作活動を続けられたのは、「今の職業にしがみつく必要はない」という柔軟性があったからだと思います。

森には、決まった「ゴール」がないんですよね。人が歩く理由はまちまち。人生もゴールばかりにとらわれる必要はなく、寄り道も悪くない。「自分の道を自由に歩き、幸せを見つけられればいい」。ヤンソンの人生とムーミンの世界はそんなふうに語りかけてくれているようです。

私自身、合っていないと思ったら固定の場所にこだわらず、転々としてきました。音楽会社の起業、フリーの翻訳家、ムーミンツアーの現地ガイド、取材コーディネーター……。むやみに投げ出したわけではなく、今でもどの仕事も続けていて、ただ常に自分の幸せを考えての結果です。

仕事を楽しめない、でもどうすればいいのか悩んでいる人、たくさんいると思います。たしかに何の保証もない中で、いきなり見知らぬ地に飛び出すのは勇気がいるかもしれない。だから、まずは身の回りから、自分の好きなものや居心地のよい場所を少しずつ増やしていけばいいんです。そして、周りの価値観に流されることなく、自分にとって何が大事なのか考え続ければ、きっと「これだ」と思えるものに出合えるはず。その直感を信じて一歩を踏み出し、自分の幸せを全うしてほしいですね。

（聞き手・小川尭洋、2018年3月8日掲載）

私はヤジディ教徒であることが誇りです。

ナディア・ムラド（ノーベル平和賞受賞者）

ヤジディ教徒は存在する権利を勝ち取ろうと奮闘してきました。不正義や抑圧と闘うために団結しましょう。一緒に声を上げましょう。

1993年、イラク北部の農村で少数派ヤジディ教徒の家に生まれた。2014年8月、過激派組織「イスラム国（IS）」に故郷の村が襲われ、兄6人と母親を殺害されるとともに、拉致された。性奴隷として人身売買されるが、3カ月後に脱出。16年9月、人身売買の被害者らの尊厳を訴える国連親善大使に就任した。18年ノーベル平和賞を受賞今日は私にとって特別な日です。善が悪に勝ち、人類がテロリズムを破った日です。迫害に苦しんだ子どもや女性が、犯罪者に勝った日です。

わたしは（イラク北部の）シンジャル南部の村で幼少時代を過ごしました。ノーベル平和賞や世界で日々起こる争いや殺戮《さつりく》について、何も知りませんでした。家族の近くに住み、美容院を開くことが夢でした。でも、その夢は悪夢に変わりました。過激派組織「イスラム国（ＩＳ）」によるジェノサイド（集団虐殺）で、母と６人の兄、兄の子どもたちを失ったのです。

私たち（ヤジディ教徒）は長年、信仰や宗教という理由で数々の集団虐殺に遭ってきました。ヤジディ教徒はトルコに少人数しか残っていません。シリアにいた約8万人は今、わずか5千人です。イラクでも著しく減少しました。保護されなければ、ヤジディ教徒を消し去るというＩＳの目標は達成されるでしょう。

同情が欲しいのではありません。行動に移してほしいのです。国際社会がヤジディ教徒に本気で手を差し伸べるつもりなら、国連の監視下で保護を与えるべきです。そうでなければ、また別のテロリスト集団の被害にあわないという保証はありません。2014年にISがヤジディ教徒に残虐な行為をしました。異なる信条と文化だけを理由に、です。私は各国の指導者の良心が動かないことが信じられません。

毎日、シリアやイラク、イエメンの子たちの叫び声が聞こえます。アフリカ各国やほかの国々で女性や子どもが殺されています。

私は約4年間、世界中で自分のことや、自分やほかのコミュニティーの話をしてきましたが、正義はまだ実現できていません。正義がなければ、集団虐殺は繰り返されるのです。

70年となる世界人権宣言の目的は、集団虐殺の防止と実行犯の訴追です。でも私たちの共同体は集団虐殺にあい、ほかの弱いコミュニティーは、民族浄化や人種差別の対象になってきました。ヤジディ教徒や世界中のすべての弱いコミュニティーを守ることは、国際社会や人権保護に取り組む国際機関の責任なのです。戦争はなくならず、再発防止も実現できていません。

一方で、被害者を支える多くの取り組みや、正義のための膨大な努力も行われています。（ドイツの）バーデン＝ビュルテンベルク州政府の取り組みがなければ、私は自由を味わえませんでした。ヤジディ教徒の苦難を語ることはできなかったのです。

寛容で平和な社会を育むには教育が重要で、子どもへの投資が必要です。子どもは寛容や共存を、憎しみや派閥意識の代わりに学ぶことができます。女性参加もあれば、社会は変えられるのです。

私はヤジディ教徒であることが誇りです。ヤジディ教徒は存在する権利を勝ち取ろうと奮闘してきました。不正義や抑圧と闘うために団結しましょう。一緒に声を上げましょう。暴力にノー、平和にイエス、奴隷所有にノー、自由にイエス、と。

（ノーベル平和賞授賞式での講演要旨、２０１８年12月11日掲載）

おわりに

2018年、日本の性差別や男女格差の「現在位置」を突きつけられるような出来事が、次々と起きました。

財務省の事務次官によるセクハラ問題、相次ぐ政治家の不適切発言、週刊誌が大学の実名を挙げて女性蔑視的な記事を掲載した問題——。

複数の大学の医学部入試で女子受験生に不利な得点操作をするなどして、女子の合格者数を抑えていたことも明らかになりました。公正なはずの入試という場で、女性差別が行われていたのです。その理由として、大学側は「女性は結婚や出産で長時間勤務ができない」「女子はコミュニケーション力が高く、男子を救うためだった」などと説明しました。

戦後、男女差別禁止の規定が憲法に盛り込まれ、雇用面などで男女の均等化が進んだ日本。それでも、女性にまつわるデータを見ると、厳しい現状が浮かび上がります。衆議院議員の女性の割合1割、企業の管理職に占める女性の割合6・6%、フルタイムで働く男性の賃金を100とした場合の女性の賃金は73・4……。昨年発表された世界経済フォーラムの2018年の男女格差ランキングでも、日本は1

49カ国中110位と低迷が続いています。

性差別や男女格差の状況は改善しているのでしょうか。朝日新聞の「Dear Girls」取材班が2019年1月、朝日新聞デジタル上でアンケートを実施したところ、切実な声がたくさん寄せられました。高校時代に先生たちから「女子は伸び悩む」と言われ続けて成績を落としてしまったという人、就職活動中に何度も「男性が多い職場だけど大丈夫?」「出産したらどうするの?」と聞かれたという人……。

なかでも印象的だったのは、東京都内の20代の女性のこんな声でした。

「学問は、教育だけは、男女ともに平等だと思っていました。医学部入試の件を知ったとき、殴られたような衝撃でした。私たちは、女性に生まれただけで可能性を狭められています。せめてこのあとの世代にはこんな思いをさせることがないように社会が変わることを願います」

本書にまとめた「Dear Girls」インタビューシリーズでは、各界で活躍する方々に、女性・男性として生きてきて感じたことや体験を交えながら、女の子たちへのエールや、男女格差について思うことなどを話していただきました。

その一人、作家の川上未映子さんは、「私たち(女性)に与えられた将来の夢は、恋愛や結婚や母親になるだとか。もちろんどれも悪くないけど、『総理大臣になる』とかはなかった」と語ります。そして、4歳の息子さんが、「男は強くて女は弱いんだよね」と言うのを聞いて、まだ同じようなことが繰り返されているのかと思った、と。

確かに日本では、「男だから」「女だから」という意識を、家庭や学校、メディアなどから刷り込まれる機会が多くあります。でも、平成が終わろうとしている今、女性も男性も、性別ゆえの「呪縛」から自由になろうよ——。本書を通して、そんなメッセージを感じ取ってもらえたとしたら、取材班としてうれしい限りです。

男女格差を解消していくのは簡単ではありませんが、変化の兆しもあります。セクハラなど性被害を告発する「#ＭｅＴｏｏ」の広がりとともに、おかしいことは「おかしい」と声をあげる人が増えてきました。女性議員を増やすことを目指す候補者男女均等法も、２０１８年に成立し、19年の統一地方選や参議院選で女性議員がどれくらい誕生するか、注目されています。

男女平等を阻むさまざまな壁をなくしていくために。女性も男性も誰もが生きやすい社会にしていくために。私たちはジェンダーをめぐる問題について、今後も継続的に伝えていければ、と考えています。

なお、取材班の立ち上げから、1、2年目の「Ｄｅａｒ Ｇｉｒｌｓ」企画に中心になってかかわったメンバーは、以下の通りです。

錦光山雅子、三島あずさ、市川美亜子、山本奈朱香、山田佳奈、林亜希、高橋末菜、冨岡史穂、岡林佐和、伊木緑、滝沢卓、高重治香、長富由希子、前川明子、鈴木康朗、斎藤健一郎、千葉雄高、滝沢文那、庄司将晃、岡崎明子、塩入彩、湊彬子、西山公隆、杉山麻里子（順不同）

ほかにも多くの記者が自ら手をあげて、各面や地方版に記事を書いてくれました。3年目の今年も、20代から50代までの幅広い年代の女性記者と男性記者が、3月8日の国際女性デーに向けて取材を進めています。紙幅の関係ですべての名前を記すことはかないませんが、多くの記者たちの力の結集がなければ、この企画は成り立ちませんでした。

最後に、取材に協力してくださった方々、企画に賛同しSNSなどで記事をシェアしてくださった皆様に厚く御礼申し上げます。

2019年2月1日

朝日新聞「Dear Girls」取材班

Dear《ディア》 Girls《ガールズ》
自分《じぶん》らしく生《い》きていくための28の言葉《ことば》

2019年2月28日　第1刷発行

著　　者　朝日新聞「Dear Girls」取材班
発 行 者　須田　剛
発 行 所　朝日新聞出版
〒104-8011　東京都中央区築地5-3-2
電話　03-5541-8832（編集）
03-5540-7793（販売）

印刷製本　共同印刷株式会社

ISBN978-4-02-251594-0
定価はカバーに表示してあります